THÈSE

POUR LE

DOCTORAT

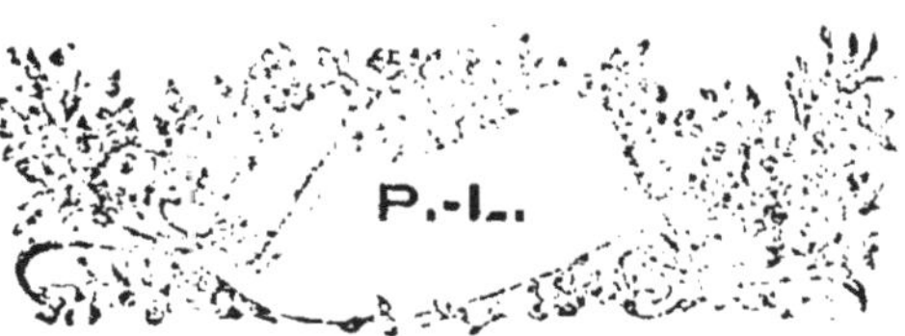

PARIS

PICHON-LAMY, LIBRAIRE-ÉDITEUR

15, Rue Cujas, 15.

1868

DES

NULLITÉS DU MARIAGE

EN DROIT ROMAIN ET EN DROIT FRANÇAIS

THÈSE POUR LE DOCTORAT

SOUTENUE PAR

PROSPER RAMBAUD

L'acte public sur les matières ci-après sera soutenu
le Mercredi 2 Décembre 1868,

PRÉSIDENT : M. BLONDEL, Professeur-Doyen.

SUFFRAGANTS
MM. TALON . . . . } Professeurs.
MABIRE. . . . . }
GARSONNET . . . . . } Agrégés.
SEVILLAIN . . . . . . }

PARIS

PICHON-LAMY, LIBRAIRE-ÉDITEUR

15, Rue Cujas, 15.

1868

A LA MÉMOIRE DE MON PÈRE ET DE MA MÈRE.

A LA MÉMOIRE DE MON PÈRE ET DE MA MÈRE.

PREMIÈRE PARTIE

DROIT ROMAIN.

DES NULLITÉS DE MARIAGE.

INTRODUCTION.

Avant d'aborder l'étude des nullités de mariage, il est indispensable de donner quelques notions sur le mariage lui-même, ses diverses espèces, sa forme. C'est ce que nous nous proposons de faire dans cette introduction.

Il y avait à Rome quatre espèces de mariage, en prenant ce mot dans son sens le plus étendu, savoir: 1° les justes noces ; 2° le concubinat; 3° le mariage du droit des gens; 4° le mariage des esclaves.

I. *Justes noces* (justæ nuptiæ).

Les justes noces étaient la base de la famille romaine. Elles seules produisaient la puissance paternelle et conféraient au mari le titre de *vir* et à la femme celui d'*uxor*. Leurs caractères distinctifs étaient : l'égalité entre les époux ; 2° la participation pour la femme aux honneurs et aux dignités du mari ; 3° la communauté d'existence.

Ces trois caractères se retrouvei.' iurs la définition que nous en a donnée le jurisconsulte Modestin: *nuptiæ sunt conjunctio maris et feminæ, et consortium omnis vitæ, divini et humani juris communicatio* (Dig. 1. XXIII. T. II, 1. 1). Ils se retrouvent également dans la définition de Justinien aux institutes , *nuptiæ sunt viri et mulieris conjunctio individuam vitæ consuetudinem continens*. (De patria potestate).

Ces deux définitions, dont la rédaction semble identique, ou à peu près, présentaient cependant quelques différences qu'il importe de noter. Les derniers mots de la définition donnée par Modestin font allusion, en effet, à l'institution de la *manus* au moyen de laquelle la femme sortant de sa famille entrait dans celle de son mari et recevait l'*humani juris communicatio* par ce fait, en même temps qu'elle acquérait la *divini juris communicatio* par sa participation aux *sacra privata* de sa nouvelle famille.

Les deux définitions s'accordent au surplus sur un point : elles reconnaissent que le mariage crée entre les deux époux une étroite communauté d'existence, une parfaite égalité de condition : *consortium omnis vitæ — individua vitæ consuetudo.*

Quelques auteurs, Doneau entre autres, ont

prétendu, à la vérité, que cette expression *indivi-dua consuetudo* se rapporte à l'indissolubilité du mariage ; non pas à son indissolubilité absolue, ce qui serait trop évidemment contraire à la faculté de divorcer qui avait été expressément établie, mais à une indissolubilité intentionnelle, au jour où l'union se forme. « On peut dire, dit Doneau, que le *justæ nuptiæ* peuvent être dissoutes par le divorce mais cela arrive contre le vœu des contractants et contre la nature du mariage. » — et, ajoute-t-il, — c'est en cela que le concubinat diffère du mariage, « La concubine n'était point prise comme compagne de toute la vie. On pouvait ne la prendre que pour un temps. » (Donneau, Com. Jur. Civil, l. XIII, Chap. XVIII.)

Cette interprétation a été rejetée par la majorité des auteurs. Ainsi que l'ont fait remarquer MM. Ducaurroy et Demangeat, l'homme et la femme, dans le concubinat aussi bien que dans les justes noces, contractaient une union qu'ils avaient l'intention de conserver toujours, jusqu'à la mort de l'un d'eux. Le concubinat pouvait, il est vrai, se dissoudre sans qu'il fût besoin de recourir au divorce, mais les parties qui le formaient n'en contractaient pas moins un engagement indéfini dans sa durée ; on ne prenait ni une concubine ni une épouse pour un temps. Aussi n'hésitons-nous pas à déclarer que ces mots *individua vitæ consuetudo*, ne signifient rien autre chose, sinon que la femme,

par le mariage est associée au rang du mari, à ses
honneurs, à ses dignités, qu'elle devient son égale.

II. *Concubinatus*.

C'est dans cette égalité de condition que se trou ve
la principale différence entre les justes noces et le
concubinat. Le concubinat était une union licite,
une institution de droit civil, que les lois avaient
réglée et nommée, mais qu'on considérait, cependant, comme une union moins honorable que les
justes noces, au moins pour la femme. C'était, en
un mot, une union inégale, *inœquale conju-
gium* (Code. Liv. V, Tit. XXVII, l. 3). Aussi n'y
avait-il ni époux, ni femme, ni dot, ni enfants légitimes, ni participation de la femme aux dignités
de l'homme avec lequel elle vivait.

Au reste, le concubinat était soumis aux règles
que l'intérêt social et l'honnêteté publique avaient
fait prévaloir en matière de justes noces, il était
défendu à un homme d'avoir deux concubines à la
fois, comme on lui défendait d'avoir deux épouses;
les prohibitions fondées sur la parenté ou les conve-
nances s'appliquaient au concubinat comme au
mariage; il ne se distinguait des justes noces que
par l'intention des parties, *ex sola animi destina-
tione* (Dig. Loi 4. De concubinis). Cette intention

était toujours présumée en faveur du mariage quand il s'agissait d'une femme honnête, ou quand les époux étaient d'égale condition.

III. *Mariage du droit des gens.*

A côté du mariage du droit civil, des justes noces, les Romains avaient établi un mariage du droit des gens. Ce dernier ne se formait pas seulement entre pérégrins mais aussi fort souvent entre pérégrins et Romains. Cicéron, dans un passage de ses *Topiques,* nous fournit à cet égard quelques renseignements : *si mulier quum fuisset nupta, cum eo, qui cum connubium non esset, nuntium remisit ; quoniam qui nati sunt patrem non sequuntur, pro liberis manere nihil opportet.* (Topiqua ciceronis, n° 4.)

Il résulte de ce texte : 1° Qu'une dot pourrait être constituée par la femme, et réclamée par elle à la dissolution du mariage; 2° que ce mariage ne pouvait être dissous que par un divorce. De plus, on admet généralement que les enfants qui venaient à naître de ce mariage n'étaient pas regardés comme *vulgo concepti,* et que la femme acquérait la dignité et le rang de son mari.

IV. *Contubernium.*

Enfin, nous trouvons dans les textes l'indication d'une union inférieure entre l'homme et la femme :

c'est le *contubernium* ou union de deux esclaves. La loi ne lui reconnaît aucun effet civil, sauf en deux hypothèses spéciales : prohibition de mariage (Institutes. De nuptiis, p. 10) et justes causes de manumission.

V. De la forme du mariage romain.

Les considérations que nous venons de présenter sur les différentes espèces de mariage étaient indispensables pour l'intelligence de nos développements ultérieurs.

Pour compléter cet aperçu, il nous reste à dire quelques mots sur la forme du mariage.

Le principe dominant du droit romain en matière de mariage se trouve formulé par Ulpien dans le texte suivant : *cui fuerit sub hac conditione legatum, si in familia nupsisset, videtur impleta conditio, statim atque,* DUCTA EST UXOR, *quamvis nondum in cubiculum mariti venierit. Nuptias enim non concubitus sed consensus facit* (Dig. De conditionibus et demonstrationibus, eorum quæ in testamento scribuntur, 1. 15). Ainsi les deux éléments indispensables à la forme du mariage romain étaient : le consentement, suivi de la tradition de la femme.

Cette doctrine a été formulée par Paul dans ses sentences d'une manière non moins explicite : *vir*

*absens uxorem ducere potest; femina absens
nubere non potest.* (Liv. II, Tit. XIX, § 8).
L'homme même absent peut se marier : car la tradition peut s'opérer malgré son éloignement, et la
femme conduite de la maison de son père au domicile de son époux lui a été réellement livrée. Mais,
le mariage est impossible si la fiancée est absente :
car la tradition est impossible alors et l'union des
parties, manquant d'un élément indispensable, ne
se forme pas. Ajoutons que cette explication ne
vient point de quelque commentateur habile à faire
plier les textes aux exigences de son système.
C'est Pomponius qui, dans un passage du Digeste,
reproduit la règle et en donne l'interprétation
même que nous avons développée : *Mulierem
absenti per litteras ejus, vel per nuntium posse
nubere placet, si in domum ejus deduceretur;
eam vero quæ abesset, ex litteris, vel nuntio
(suo) duci a marito non posse: deductione enim
opus esse in mariti, non in uxoris domum,
quasi in domicilium matrimonii* (D. lib. XXIII.
Tit. II, loi 5.). Nous trouvons dans le code un
rescrit de l'empereur Aurélien encore plus formel
en ce sens. On demandait à l'empereur si une donation faite le jour même des noces devait être considérée comme étant faite par le fiancé ou par l'époux.
Il faut distinguer, répond celui-ci : « c'est une
donation *ante nuptias* si elle a été effectuée avant
que vous ayiez quitté votre maison; mais c'est, au
contraire, une donation entre époux si elle ne l'a

été qu'après votre entrée dans la maison de votre fiancée. (Code. L. 6. De donationibus ante nuptias.)

L'autorité de ces textes prouve d'une manière péremptoire la nécessité d'une tradition. Mais cette tradition résultait-elle uniquement de la *deductio in domum mariti?* Les textes que nous avons cités paraissent assez concluants en ce sens. Néanmoins, on admet généralement, avec raison, que la tradition de la femme au mari peut s'effectuer d'autre manière et qu'elle s'effectue réellement dès qu'il y a possibilité d'une vie commune. Le texte suivant de Scævola en est une preuve; *Virgini in hortos deductæ ante diem tertium, quam ibi nuptiæ fierint, cum in separata ducta ab eo esset, die nuptiarum, priusquam ad eum transiret, et priusquam aqua et igni acciperetur, id est, nuptiæ celebrentur, optulit decem aureos dono, quæsitum est, post nuptias contractas divortio facto, an summa donata repeti possit, respondit, id, quod ante nuptias donatum, præponeretur, non posse de dote deduci.* (Dig. Lib. XXIV Titre 2. L. 66. § 1.)

En résumé, l'élément essentiel du mariage romain était le consentement des parties suivi d'une certaine réalisation matérielle qui aboutissait à rendre possible la vie commune, à mettre la femme à la disposition du mari. Et, cette possibilité de la vie commune résultait ordinairement de la *deductio in domum mariti,* mais elle pouvait être la conséquence d'un autre fait. Aucune célébration publique du mariage n'était, d'ailleurs, nécessaire.

Nous pouvons maintenant aborder la matière principale de notre étude. Nous l'avons divisé en quatre chapitres. Dans le premier nous examinerons les conditions requises pour la validité du mariage ; — les second et troisième chapitres auront pour objet les conditions absolues et les conditions relatives ; nous traiterons enfin dans le quatrième chapitre de la sanction des empêchements absolus et relatifs.

CHAPITRE PREMIER.

Des conditions requises pour la validité du mariage.

Les conditions requises pour la validité du mariage sont absolues ou relatives. Leur absence constitue un empêchement au mariage.

Les empêchements absolus sont ceux qui rendent le mariage impossible à l'égard de tous, comme le défaut de puberté, l'existence d'un premier mariage.

Les empêchements relatifs sont ceux qui ne permettent pas à certaines personnes de s'unir entre elles, comme la parenté, la différence de condition.

CHAPITRE DEUXIÈME.

Des conditions absolues.

Les conditions absolues nécessaires à la validité
du mariage sont :

1° La liberté et la cité.

2° Le consentement des époux.

3° Le consentement de l'aïeul et du père.

4° La puberté.

5° L'inexistence d'un premier mariage.

En dernier lieu, nous examinerons, sous le même
paragraphe, les empêchements qui peuvent surve-
nir de l'adultère, du délai de viduité, du divorce, et
de l'engagement dans les ordres sacrés.

1. — *De la liberté et de la cité.*

A Rome l'esclave était une chose : il ne pouvait se
marier civilement; l'union qu'il contractait était
considérée, du moins à l'origine, comme celle des
animaux, elle n'était réglée que par le droit naturel.
Toutefois, ainsi que nous l'avons remarqué, dans la
suite on reconnut pour effet au *contubernium* de
créer entre esclaves une sorte de parenté naturelle,
qui faisait naître certains empêchements au mariage,
et pouvait, dans certains cas, créer une juste cause
d'affranchissement.

Le pérégrin était également incapable de contracter un *justum matrimonium* avec une romaine, une pérégrine avec un romain, à moins qu'ils n'en eussent reçu le droit spécial, le *connubium* : *connubium habent cives romani cum civibus romanis; cum latinis autem et peregrinis, ita si concessum sit.* (Ulp. Reg. Tit. 5, §. 4). Ces concessions très-rares d'abord devinrent plus nombreuses et plus larges quand la république eût besoin de secours plus fréquents. Les empereurs vinrent ensuite, qui donnèrent aux vétérans le droit de contracter des mariages du droit civil avec les femmes latines ou pérégrines. (Caïus. Comment., p. 57). Ils accordèrent aussi le connubium avec tous les privilèges réservés autrefois aux seuls citoyens à la population des provinces qu'ils favorisaient particulièrement. Puis vint la fameuse constitution de Caracalla : *in orbe romano qui sunt, ex constitutione imperatoris antonini, cives romani effecti sunt.* (Dig. lib. 1, tit. 5, l. 17.)

Cependant, selon certains auteurs, la disposition de l'édit de Caracalla ne s'appliquait qu'aux sujets de l'empire existants lors de sa promulgation ; les sujets des provinces annexées après l'édit, restèrent donc pérégrins, et ne purent contracter de justes noces avec ceux de l'empire.

Enfin, le mariage fut défendu entre les barbares et les citoyens ; non seulement l'union contractée avec l'un d'entre eux n'était pas légitime, mais aux termes d'une constitution de Valens et Valentinien, tout citoyen qui épousait une femme barbare avec laquelle il n'avait pas le connubium, toute femme romaine qui épousait un barbare étaient punis de mort. Cette loi insérée au code Théodosien ne se retrouve plus au code de Justinien. Les instituts se contentent de prononcer la nullité d'une telle union, sans faire mention de la peine qu'elle faisait encourir; d'où l'on peut conclure qu'elle avait cessé d'être applicable.

II. — *Du consentement des époux.*

Le consentement des époux est la condition fondamentale du mariage. Il n'y a pas mariage, dit la loi 2 *de ritu nuptiarum*, quand il n'y a pas consentement. *Solus consensus justas nuptias facit,* dit Ulpien. (Ulp. loi 20. De regulis juris). Pour être valable, il faut que le consentement soit donné par un homme sain d'esprit : le fou ne peut donc contracter mariage ; mais la folie survenant au cours de l'union n'a pas pour effet de la dissoudre : elle la rend, au contraire, en quelque sorte plus irrévocable, car elle retire au conjoint en démence le droit de divorcer.

Si l'une des parties est en état de démence au moment du mariage, non-seulement le consentement qu'elle donne est vicié, mais il manque abso-

lument. Il en est de même du consentement simulé.
Mais il ne suffit pas, d'ailleurs, pour la validité du
mariage, que le consentement existe, il faut, de
plus, qu'il ait été donné librement et en connaissance de cause ; en d'autres termes, il faut qu'il ne
soit pas infecté d'erreur ou de violence.

Il résulte de là que le fils de famille ne peut être
marié malgré lui. Mais il est certain qu'une fois le
mariage consommé il ne peut pas, en règle générale, en faire prononcer la nullité sous prétexte qu'il
n'y a consenti que sous l'empire de la crainte révé-
rentielle, c'est ce qui est établi par le texte suivant
de Celse : *Si, patre cogente, ducit uxorem, quam
non duceret si sui arbitrii esset, contraxit ta-
men matrimonium* (Dig. L. 22. De ritu nup.)

III. Du consentement de l'aïeul et du père.

Suivant Théophile, la nécessité du consentement
de l'aïeul et du père provenait de ce principe : *que
ceux qui ont élevé des enfants doivent jouir de
l'honneur de consentir à leur mariage;* — mais
il n'est guère probable que ces considérations aient
guidé les législateurs des époques précédentes. La
nécessité du consentement s'appuyait sur des motifs
plus positifs.

Le père doit consentir au mariage, parce que la
famille ne peut sans sa volonté acquérir un nou-

veau membre, parce qu'elle ne peut sans sa volonté perdre une personne qui en faisait partie. Or, le mariage du fils de famille devait faire entrer de nouveaux membres dans la famille ; car les enfants qui en provenaient tombaient sous la puissance du pater familias. De même, le mariage de la fille de famille la faisait quelquefois sortir de sa famille.

Le consentement du père de famille ne suffisait pas toujours. Lorsqu'il s'agissait du mariage du petit-fils il fallait, outre le consentement de l'aïeul chef de la famille, celui du fils de cet aïeul père du futur conjoint. En effet, à la mort de l'aïeul, la puissance paternelle doit passer à son fils. Si l'aïeul était seul appelé à consentir au mariage de son petit-fils, il en résulterait que son fils devenu *sui juris* et *pater familias* aurait un jour sous sa puissance les enfants de ce petit-fils qui seraient ses héritiers siens. Or, on ne peut avoir d'héritiers siens malgré soi (Inst. De adop. § 7) : il faudra donc pour que le mariage se forme, que le futur conjoint obtienne à la fois, le consentement de son aïeul et celui de son père.

Le consentement du père de famille suffisait toujours, au contraire, lorsqu'il s'agissait du mariage d'une petite fille, parce que les enfants qui en provenaient n'entraient pas dans la famille de leur mère et qu'ils ne devenaient pas les héritiers siens du fils de l'aïeul.

Cependant ces principes que nous trouvons bien

clairement exposés au Digeste dans la loi 16 *de ritu nuptiarum*, paraissent en contradiction avec la loi 3 du même titre. Aux termes de cette loi, l'aïeul a seul le droit de consentir au mariage d'un petit-fils avec une petite-fille issue d'un fils et tous deux en sa puissance. Pour concilier ces deux lois Accurse prétend qu'il faut supposer dans le second cas que le père du petit-fils est mort ou furieux. Mais l'explication de Cujas nous paraît préférable. Selon lui, il y avait exception à la règle générale, lorsqu'il s'agissait de mariage entre cousins germains. Le consentement du fils était toujours présumé en pareille hypothèse; on ne peut, en effet, supposer qu'il puisse valablement s'opposer au mariage de son fils avec une femme qui fait déjà partie de la famille.

Le consentement du père de famille n'était assujéti à aucune forme, aux termes de la loi 5 du code *De nuptiis*, il suffisait même qu'il ne s'y opposât pas. Il nous semble également hors de doute qu'il devait précéder le mariage et que l'autorisation devait être spéciale et déterminée.

Le consentement du père de famille n'était jamais nécessaire pour les fils émancipés quelque jeunes qu'ils fussent, parce que, ainsi que nous l'avons dit, il était une conséquence de la puissance paternelle. Il en fut de même pour les filles émancipées, lorsqu'elles cessèrent d'être soumises à une tutelle perpétuelle. Mais une constitution de Septime, Sévère et d'Antonin les obligea à obtenir le consentement de leur tuteur, de leur mère et de leurs plus proches parents ; ou à défaut de ces personnes celui du président de la province. (Code. De Nup. L. 1). Plus tard, une constitution d'Honorius et Théodose décida que la fille mineure de 25 ans devrait obtenir le consentement de son père, s'il est encore vivant, et à son défaut, celui de sa mère et des proches parents. Justinien étendit cette règle aux veuves mineures de 25 ans.

IV. De la puberté.

La puberté était une condition nécessaire de mariage. Cette règle est expressément édictée par les instituts de Justinien.

L'âge de puberté semble avoir été fixé par Servius Tullius à 17 ans au moins pour les hommes. Cet usage tomba en désuétude ; à l'époque de Cicéron, l'âge légal de puberté fut déterminé d'après l'état du corps.

Au début de l'empire, quelques jurisconsultes, principalement les Proculiens commencèrent à critiquer ces pratiques, et l'on en revint à fixer un âge uniforme pour les garçons comme pour les filles. Justinien confirma cette doctrine et décida que les jeunes gens seraient pubères à 14 ans et les jeunes filles à douze.

Mais la vieillesse était-elle comme l'impuberté, et parce qu'elle se refuse aussi à l'accomplissement

des fins du mariage une cause de nullité de l'union?
Il paraît très-probable qu'elle constituait un empêchement au mariage à une certaine époque de la
législation antérieure à Justinien, car ce prince
s'exprime ainsi : *sancimus nuptias quæ inter
masculos et feminas majores vel minores sexa-
genariis vel quinquagenariis lege Julia vel
Papia prohibitæ sunt, homines volentes con-
trahere, et ex nullo modo vel ex nulla parte
tales nuptias impediri* (Code. L. V, tit. 4, l. 27).
Ne semble--t-il pas résulter clairement de ce passage que les femmes de soixante ans et que les
hommes de cinquante ans avaient été privés par
la loi Julia ou Papia de la faculté de se marier et que
Justinien la leur restitue. Mais quelle était alors la
sanction de cette prohibition? C'est ce que nous
examinerons plus loin, chapitre IV.

Il nous reste à dire quelques mots de l'impuissance. La loi Julia avait exempté les impuissants des
peines du célibat et de l'*orbitas*. Elle n'avait pas
établi de distinction entre le *castrat* et le *spado*,
entre celui dont l'impuissance est manifestée par
des signes extérieurs et celui dont l'impuissance
n'est pas apparente. Les lois postérieures les traitè-
rent, au contraire, différemment; elles interdirent
sévèrement le mariage au *castrat* et punirent, à
l'époque chrétienne, de peines terribles le prêtre
qui avait célébré son mariage. (Nov XCVIII). Par
contre, elles permirent au *spado* de se marier,
d'affranchir une esclave pour en faire son épouse.

V. *De l'inexistence d'un premier mariage.*

La polygamie paraît avoir été toujours défendue à Rome ; même dans les temps les plus reculés. Il était également défendu à un citoyen d'avoir deux concubines à la fois.

On sait que le mariage pouvait être dissous de trois manières : par la mort, le divorce, la servitude. Que décider lorsqu'il y avait incertitude sur la vie de l'un des époux? Les Romains ne connaissaient pas la théorie générale de l'absence, telle qu'elle est organisée dans notre législation. Ils n'avaient prévu que deux cas spéciaux, savoir : 1° la disparition des militaires au cours d'une expédition ; 2° la captivité du mari chez l'ennemi.

I. *Disparition des militaires au cours d'une expédition.* = Une constitution de Constantin avait permis aux femmes des militaires disparus de se remarier, lorsqu'il s'était écoulé quatre ans depuis la disparition de leur mari.

Justinien abrogeant cette constitution, décida que quelque fût le temps écoulé depuis le départ de leur mari, elles ne pourraient convoler à de secondes noces qu'à la condition d'établir d'une manière authentique le décès de celui-ci. De plus, il voulut que le second mariage ne pût être contracté qu'une année après que cette preuve aurait été faite.

II. *Captivité du mari chez l'ennemi.* — La captivité ne suspendait pas seulement les effets du mariage, elle le rompait lui-même définitivement. Ainsi le retour du conjoint captif ne lui rendait pas sa qualité d'époux, comme elle lui rendait sa qualité de père. Le consentement seul des époux pouvait donner une nouvelle force à l'union. Mais Justinien apporta encore, sur ce point, des modifications. Il décida que la femme du citoyen captif ne pourrait se remarier, tant qu'on connaîtrait d'une manière certaine l'existence de ce dernier, mais que si l'on ignorait son sort elle aurait la faculté de contracter un second mariage, après cinq ans passés sans nouvelles. (Nov. XXII. Ch. VII).

VI. *Empêchements qui résultent de l'adultère, du délai de viduité, du divorce, et de l'engagement dans les ordres sacrés.*

Les quatre circonstances que nous venons d'énumérer sont également des empêchements au mariage. Nous les réunissons sous un même paragraphe à cause du peu de développement qu'elles demandent.

I. *Adultère.* — En principe, nul ne peut épouser une femme condamnée comme adultère. L'application de cette règle donne lieu à quatre hypothèses :

1° Si la femme a été simplement répudiée par

son mari, sans avoir été accusée, rien n'empêche qu'elle ne puisse contracter un nouveau mariage.

2° Si elle a été accusée d'adultère, mais que le jugement n'ait pas encore été prononcé, elle ne peut pas, au contraire, se remarier avant le décès de son premier mari.

3° Si elle a été accusée d'adultère, mais renvoyée absoute, elle peut s'unir de nouveau, soit avec son premier mari, soit avec toute autre personne.

4° Enfin, si elle a été accusée d'adultère, et condamnée, la sentence de condamnation a pour effet de faire naître un empêchement au mariage.

II. *Délai de viduité.* — Pendant les dix mois qui suivent la mort de son mari, la femme ne peut contracter mariage. Ce délai a été porté à douze mois par une constitution de Gratien. (Code loi 2. De secund. nup.)

Le motif de la loi, c'est qu'il faut éviter une confusion de part: *propter turbationem sanguinis; propter generationis — aut seminis — incertitudinem.* (Code l. 53 De episc). Mais le mariage contracté par la femme, au mépris de ces dispositions législatives, n'est pas nul, il entraîne seulement contre elle la perte de la dot et la condamnation à certaines peines pécuniaires énoncées en la loi 1 de *secundis nuptiis.* Cette loi suppose, en effet, l'existence d'une dot; or, on sait qu'il n'y a pas de dot ou il n'y a pas de mariage. Le délai fixé par la loi n'avait pas, d'ailleurs, une importance absolue; sous l'empire

Paul nous dit qu'on obtenait facilement des dispenses. Plus tard, on devint plus sévère, et l'on ne permit à la femme de se remarier avant l'expiration du délai légal que lorsqu'elle avait accouché (Dig. L. 2, § 2. De his qui notantur).

III. *Divorce.* — Le divorce qui était presque inconnu sous la république se multiplia sous l'empire. On connaît l'histoire de Caton transférant sa femme Marcia à son ami Hortensius, puis la reprenant à titre de chose prêtée. Les empereurs chrétiens commencèrent à le restreindre.

Constantin ne reconnut que trois causes de divorce contre le mari, s'il est homicide, magicien, violateur de tombeaux ; contre la femme, si elle est adultère, proxenète, magicienne. Le mari qui divorce sans un de ces motifs légaux ne peut pas se remarier ; la femme si elle a commis la même faute, est déportée, et par conséquent incapable aussi de contracter un second mariage. Les empereurs Honorius, Théodose et Constance apportèrent à cette législation plusieurs modifications. On distingua dès lors trois hypothèses principales (Code Théod. Loi 2. De repudiis) :

1° Quand le divorce a eu lieu sans motifs, l'époux qui a invoqué le *repudium* est frappé d'une incapacité perpétuelle de se remarier ;

2° Quand il a eu lieu pour cause légère, si c'est la femme qui l'a provoqué, elle est également privée du droit de contracter une nouvelle union ; si c'est le mari, il ne perd le droit de se marier que pendant deux ans ;

3° Enfin, quand le divorce a eu lieu pour une juste cause, le mari peut se remarier immédiatement; la femme doit attendre un délai de cinq ans.

Plus tard, Théodose et Valentinien abrégèrent ce délai : il ne fût plus que d'une année seulement.

IV. *Engagement dans les ordres sacrés.* — Un dernier empêchement absolu au mariage résultait, à l'époque de Justinien, de l'engagement dans les ordres.

Dans l'ancienne Rome, les vestales ne pouvaient contracter mariage avant d'avoir déposé le sacerdoce. Sous les empereurs chrétiens, des lois défendaient le mariage aux prêtres, diacres, et sous-diacres, de l'église nouvelle. Elles défendirent également à tout citoyen de prendre pour époux les vierges ou les veuves consacrées au service de Dieu.

Justinien fit de cet empêchement, simplement prohibitif d'abord, un empêchement dirimant. Mais il revint dans les Novelles (Nov. VI. Ch. V), à la législation précédente. L'engagement dans les ordres cessa d'être une cause de nullité du mariage ; il ne constitua plus qu'un empêchement prohibitif, et la violation de la prohibition entraîna seulement pour le ministre prévaricateur la peine de la déportation.

CHAPITRE TROISIÈME.

Des conditions relatives.

A côté des conditions absolues que nous venons d'examiner, se placent les conditions relatives. Ces dernières ne forment un obstacle au mariage qu'entre certaines personnes.

Les conditions relatives, ou plutôt les empêchements relatifs sont :

1° La parenté et l'alliance ;
2° L'honnêteté publique ;
3° La différence de conditions ;
4° Le commandement dans les provinces ;
5° La tutelle ou la curatelle ;
6° La différence de religion et le rapt.

I. — *De la parenté et de l'alliance.*

On sait qu'il existait à Rome deux sortes de parenté, la parenté civile dite *agnation* et la parenté naturelle appelée *cognation*. Cette distinction avait une extrême importance. En effet, les cognats seuls, juridiquement, faisaient partie de la famille ; eux seuls, étaient appelés à prendre part aux successions qui s'y ouvraient, et pendant longtemps le fils adoptif trouva dans sa qualité d'agnat, le droit de succéder au père de famille, à la succession duquel, le fils émancipé bien que cognat du degré le plus rapproché, n'était pas appelé.

Cependant, en matière de mariage, au point de vue des empêchements, il n'y avait pas à distinguer entre la parenté civile et la parenté naturelle, entre l'*agnation* et la *cognation*. Toutes deux formaient également obstacle au mariage, avec cette différence, toutefois, que la qualité de cognat, étant perpétuelle, l'empêchement qui en naissait était également perpétuel, tandis que l'agnat introduit dans la famille par l'adoption, n'étant plus parent dès qu'il était émancipé, l'empêchement qui provenait de son agnation n'était que temporaire.

Ceci posé, disons d'abord que la législation romaine prohiba d'une façon absolue le mariage entre parents, dans la ligne directe.

En ligne collatérale, le mariage était également défendu entre personnes dont l'une ne se trouvait qu'à un degré de l'auteur commun (D. l. 53. De ritu). Ainsi ne pouvaient contracter mariage entre eux :

1° Le frère et la sœur, germains, utérins, ou consanguins. — Mais cette prohibition ne produisait plus d'effets, quand les deux futurs conjoints n'étant unis que par l'adoption, l'un ou l'autre avait été émancipé ;

2° L'oncle et la nièce, le grand oncle et la petite nièce ; car, ainsi que le font remarquer les jurisconsultes romains, l'oncle et la tante sont à l'égard de leurs neveux et nièces *loco parentum*.

Le mariage de l'oncle avec la nièce fût néanmoins permis par le sénatus-consulte Claudien, que fit promulguer l'empereur Claude, afin de rendre possible son mariage avec Agrippine. L'exemple de l'empereur trouva peu d'imitateurs. Néanmoins, les empereurs Constance et Constantin crurent utile d'abroger expressément le sénatus-consulte, et de prononcer la peine de mort contre les oncles, tantes, neveux ou nièces qui violeraient la prohibition.

3° Les cousins germains. — Il résulte, cependant, de la loi 3 *de ritu nuptiorum* que les mariages entre cousins-germains étaient permis, à l'époque des jurisconsultes. Ce furent des empereurs chrétiens que vinrent les premières prohibitions. Théodose-le-Grand prononça la peine du feu et de la confiscation contre ceux qui contracteraient de tels mariages. Dans la suite, la constitution de Théodose fut abrogée par Arcadius, et Justinien sanctionna cette abrogation et permit le mariage entre cousins-germains. C'est ce qui résulte expressément du texte suivant des institutes : *Duorum autem fratrum vel sororum liberi vel fratris et sororis conjungi possunt.*

L'alliance produisait également des empêchements au mariage, mais ils étaient moins étendus que ceux qui résultaient de la parenté.

Entre alliés, en ligne directe, le mariage était interdit à l'infini : nul ne pouvait épouser sa *socius* sa *noverca* (belle-mère, marâtre) pas plus que sa brue où sa belle-fille *nurus aut privigna*, nulle femme à son tour ne pouvait épouser son gendre où son beau-fils. Le mariage était également interdit entre le beau-père et l'enfant de la belle-fille, la belle-mère et l'enfant de son *privignus*. Toutes ces personnes étaient en effet, et réciproquement, *loco parentum et liberorum*.

En ligne collatérale, il n'existait, dans l'ancien droit romain, aucun empêchement résultant de l'alliance. Une constitution des empereurs Constance et Constant prohiba le mariage entre beaux-frères et belles-sœurs. Elle fut confirmée par les empereurs Valentinien, Théodoce et Arcadius et maintenue par Justinien. (Code. L. 5. De incestis et unitilibus nuptiis). Là s'arrétent les empêchements, en matière d'alliance collatérale.

II. *Empéchements fondés sur l'honnêteté publique.*

En matière de mariage, il faut tenir compte du droit naturel et de l'honnéteté publique, disent les jurisconsultes romains. On ne doit pas seulement considérer ce qui est permis, mais encore ce qui est honnête. De là découlaient un certain nombre d'empéchements au mariage, notamment, ceux qui résultaient de la parenté et de l'alliance purement naturelle. Ainsi le mariage était défendu :

1° Entre l'adoptant et sa fille adoptive, même émancipée.

2° Entre le père de famille et la femme de son fils adoptif, même émancipée.

3° Entre l'adopté et la femme ou la nièce de l'adoptant, quand même il y aurait eu émancipation de l'adopté. C'est ce que décide formellement la loi 23 au Digeste, *De adoptionibus*, qui reproduit une décision de Paul. Mais cette décision est contredite par un texte de Gaïus, la loi 55, § 1, *De ritu nuptiarum*, aux termes de laquelle la parenté purement civile qui résulte de l'adoption étant détruite par l'émancipation, le mariage devient possible.

4° Entre un homme et la mère de sa fiancée.

5° Entre le père et la fille *vulgo quæsita* ; entre la mère et le fils dans les mêmes conditions ; et même entre le frère et la sœur nés hors mariage ; sur la même ligne on peut encore placer les empêchements résultant du *contubernium* des esclaves.

6° Enfin, entre l'affranchi et sa patronne, et même la femme, la fille ou la petite-fille de son patron. Il ne fallait pas, dit Cujas, que l'affranchi qui devait être soumis à sa patronne, la tînt sous sa puissance en qualité de femme. Cette règle souffrait, d'ailleurs, une exception dans le cas où la patronne était de basse extraction, ou de mœurs équivoques. Elle pouvait, après examen de l'affaire, de la part du magistrat, être autorisée à épouser son affranchi.

III. *De la différence de conditions.*

Le mariage était d'abord prohibé entre les Patriciens et les Plébéiens, entre les ingénus et les affranchis. La loi Canuleia *De connubio patrum et plebis* abrogea la première de ces deux prohibitions. Quant à la seconde elle ne disparut que vers le règne d'Auguste.

Mais ces prohibitions furent remplacées par d'autres. Les lois Julia et Papia Pappea édictèrent de nouvelles dispositions restrictives, soit pour les ingénus, soit surtout pour les sénateurs. Toutefois, elles ne prononcèrent pas la nullité des unions qu'elles défendaient et se bornèrent à les frapper de peines pécuniaires.

Aux termes de ces fameuses lois, il était défendu aux citoyens romains d'épouser les prostituées, les proxenètes (*lenæ*) les comédiennes, les femmes adultères, où condamnées dans un *judicium publicum*. — De plus, il était défendu aux sénateurs d'épouser les affranchis, les fils ou filles de comédiens.

Constantin étendit ces défenses aux *prœfecti* et aux *duumviri* et prohiba le mariage de tous les dignitaires que nous avons indiqué avec la servante, sa fille, la cabaretière et sa fille, la revendeuse, les filles du *leno*, du gladiateur et de l'affranchie ; enfin, avec toute femme de condition vile.

Cette législation persista, sauf de légères modifications, jusqu'au règne de Justinien ; mais ce prince l'abrogea complètement. Il voulut seulement qu'on dressa un *instrumentum dotale* toutes les fois que le mariage avait lieu entre des personnes de condition trop inégale.

IV. *Du commandement dans les provinces.*

Vers les premiers temps de l'empire, le mariage de certains fonctionnaires avec des femmes originaires de la province qu'ils administraient avait été frappé de nullité. (Dig. De ritu nuptiarum. Loi 38). C'était, d'ailleurs, un empêchement temporaire, qui cessait avec la charge dont il était né, et qui par conséquent, si les époux continuaient à vivre ensemble, ne s'opposait plus, dès ce moment, à la validité du mariage.

Trois exceptions avaient été admises.

1° Le fonctionnaire pouvait se fiancer avec une femme de la province qu'il administrait, et se marier plus tard avec elle à son retour à Rome.

2° Il avait également le droit d'y prendre une concubine. (Dig. De concubinis. Loi 5).

3° Enfin, les militaires avaient la faculté de se marier dans leur pays natal avec une femme indigène, lorsqu'ils y faisaient la guerre.

La principale cause de ces prohibitions est facile à saisir. Il eût été contraire à la politique impériale de laisser un fonctionnaire, prendre pied dans la province au moyen d'un mariage, s'y ménager des alliances et des relations, et sacrifier peut-être, dans bien des cas, l'intérêt de l'empire à celui de la province où il aurait sa famille, ses relations, ses intérêts.

V. *De la tutelle ou de la curatelle.*

Un sénatus-consulte rendu sous Marc-Aurèle et Commode défendit le mariage entre le tuteur et la pupille. (Dig. De ritu nuptiarum. Loi 67, in fine). On pouvait craindre, en effet, que des tuteurs infidèles ne trouvassent moyen, en épousant leur pupille, de se soustraire à la nécessité de rendre leurs comptes. Toutefois, la prohibition ne s'appliquait qu'à la pupille. Rien n'empêchait un tuteur d'unir sa fille au pupille. Mais, à l'égard de la pupille, elle s'étendait à toute espèce de tutelle ou de curatelle, aussi bien à la curatelle au ventre qu'à la tutelle ordinaire (Dig. loi 7, De ritu nuptiorum); et de plus, elle ne frappait pas seulement le tuteur, mais après leur mort, elle atteignait leurs enfants.

Un caractère spécial à cet empêchement, c'est qu'il était essentiellement temporaire. Avant Justinien, il durait jusqu'à ce que la pupille eût atteint l'âge de vingt-cinq ans ; la limite fût reculée de quatre ans sous son règne et portée à vingt-neuf ans. A partir de cette époque le compte de tutelle devenait inattaquable, et la prohibition n'avait plus dès lors aucun motif.

La prohibition du Sénatus-consulte n'était pas sanctionnée seulement par la nullité du mariage qui avait été contracté par le tuteur, elle entraînait, de plus, contre lui la note d'infamie, et pouvait même l'exposer à des pénalités, qui étaient plus ou moins graves, suivant la condition du délinquant. (Dig. loi 66. De ritu nuptiorum).

VI. — *De la différence de religion et du rapt.*

Ces deux empêchements ne prirent naissance que dans les derniers temps de l'empire.

Deux ans après la mort de Constantin, en 339, Constance, un de ses fils qui régnait sur l'Orient et sur la Grèce, défendit aux juifs d'épouser des chrétiennes et prononça la peine de mort contre les contrevenants. (Code Théodosien, loi 6. De Judœis et cœlicolis et samaritanis). Quelques années plus tard, en 388, les empereurs Valentinius, Théodose et Arcadius proscrivirent indistinctement tout mariage entre juifs et chrétiens sans distinction de sexe: quant à l'empêchement provenant du rapt il remonte à Constantin. Cet empereur prohiba le mariage du ravisseur et de la fille ravie, même dans le cas ou

cette dernière avait consenti à l'enlèvement, et con-
damna aux peines les plus sévères la fille qui s'était
rendue complice du rapt, et ses parents eux-mêmes,
s'ils ne poursuivaient pas le coupable. (Code Théo-
sien. Loi 1. De raptu virginum). Cette prohibition
fût maintenue par Justinien, qui défendit au séduc-
teur d'épouser la fille enlevée, alors même qu'elle
lui aurait été fiancée avant le crime.

CHAPITRE QUATRIÈME.

De la sanction des empêchements absolus et relatifs.

Pour donner plus de clarté à nos démonstrations,
nous diviserons ce chapitre en trois paragraphes.

Dans le premier, nous établirons ce principe :
que la violation des prescriptions légales rendait le
mariage absolument nul.

Dans le second, nous ferons connaître les exceptions qui pouvaient y être apportées.

Dans le troisième, nous traiterons des peines qui,
en dehors de la nullité, frappaient les violateurs de
ces prescriptions.

I. — *Nullité du mariage résultant de la violation des prescriptions légales.*

Les Romains n'avaient établi aucune distinction entre les nullités de droit et les annulabilités. Toutes les violations de la loi étaient, en principe, soumises à la même sanction : la nullité absolue, c'est-à-dire une nullité perpétuelle, imprescriptible, n'ayant pas besoin d'être judiciairement prononcée. Un grand nombre de textes l'établissent d'une manière péremptoire.

Celui qui a contracté des noces défendues ou incestueuses n'a ni épouse ni enfants, dit Gaïus — ceux qui se réunissent au mépris des lois, ajoutent les institutes, ne contractent pas de mariage ; les enfants qui naisent de cette union sont assimilés aux enfants *vulgo concepti.* Ce sont des enfants sans père, ils ne sont pas soumis à la puissance paternelle : il n'y a là, ni époux, ni épouse, ni noces, ni dot. (Gaïns. Comment. 1 , p. 64.)

II. — *Exceptions qui pouvaient être apportées à cette règle.*

Ainsi que nous venons de le voir, le mariage contracté en contravention aux règles du droit est nul, sans existence juridique. On admet, toutefois, que cette doctrine absolue fléchissait dans quatre cas, ou le mariage était maintenu et ou la sanction se bornait à certaines pénalités pécuniaires ou infamantes. Examinons successivement chacun de ces cas.

1. *Prohibitions de la loi Julia.* — Nous connaissons les nombreuses prohibitions édictées par la loi Julia, soit contre tous les citoyens en général, soit surtout contre les sénateurs. La sanction de cette loi se trouvait toute entière dans l'application perpétuelle aux époux des peines du célibat. La loi Julia était donc, comme le dit Ulpien dans ses *regulæ*, une loi *minus quam perfecta*, une de ces lois qui défendent de faire quelque chose, mais qui n'annulent pas ce qui a été fait et se contentent de frapper de quelques peines ceux qui y ont contrevenu. Ce n'est qu'à partir du Sénatus-consulte de Marc-Aurèle, que les mariages contractés par les fils de sénateurs avec une affranchie, demeurent frappés de nullité; ce n'est qu'à la suite de ce sénatus-consulte que la jurisprudence étend peu à peu cette sanction rigoureuse à la plupart des prohibitions de la loi Julia. Cette théorie se trouve confirmée par les textes suivants :

C'est d'abord un passage des *fragments du Vatican* § 168. On demandait à Papinien, si pour être exempté de la tutelle, il fallait avoir trois enfants *justi secundum legem Juliam* ou *justi* seulement d'après le droit civil. Le jurisconsulte répond qu'il suffit que les enfants soient *justi* selon le droit civil;

tout en reconnaissant que cette solution était con-
testée. Cette controverse suppose évidemment que
le mariage contracté contrairement aux dispositions
de la loi Julia était valable.

Un autre argument nous est fourni par un passage
de Paul, rapporté dans la *collatio legum romana-
rum et mosaicarum* (Tit. XVI. Chap. 3) « sont héritiers siens, dit ce jurisconsulte, d'abord le fils ou
la fille en puissance du père de famille, non émancipés, qu'ils soient enfants adoptifs ou naturels,
qu'ils soient nés ou non d'un mariage permis par
les lois Julia et Papia peu importe, pourvu qu'ils
n'aient pas été émancipés. »

Enfin, un dernier texte établit que c'est un sénatus-
consulte de Marc-Aurèle qui, pour la première fois,
a sanctionné par la nullité du mariage une des prohibitions de la loi Julia : *oratione divi Marci cavetur*
dit Paul, *ut si senatoris filia libertina nupsisset,
nec nuptiæ essent : quum et senatus-consultum
secutum est* (Dig. De ritu nuptiorum. Loi 16).
Evidemment si la loi Julia avait déjà proclamé la
nullité des mariages contractés entre les filles de
sénateurs et les affranchis, l'empereur Marc-Aurèle
n'aurait pas proposé un nouveau sénatus-consulte.

II. *Délai de viduité*. --- La prohibition qui était
faite à la veuve de contracter un second mariage,
avant l'expiration du dixième mois depuis la mort
de son premier mari, n'entraînait pas davantage la
nullité du mariage. Nous voyons, en effet, que les

empereurs Valentinien, Gratien et Théodose décla-
rent que la femme qui aura contrevenu à cette prohibition est incapable de donner en dot à son second
mari plus du tiers de ses biens (Code de secundis
nuptiis. Loi 1) ; or, on sait que là ou il y a dot, là
il y a mariage. Par conséquent, en reconnaissant
l'existence d'une dot, même limitée, ces empereurs ont proclamé la validité de la seconde
union. L'observation du délai de viduité n'était pas
cependant dénuée de toute sanction. La femme qui
se remariait avant son expiration était notée d'infamie ; elle était, de plus, frappée ainsi que son mari,
de certaines incapacités et peines pécunières.

III. *Mariages contractés par les sexagénaires.*
— La prohibition qui était faite aux femmes de cinquante ans et aux hommes de soixante ans de s'unir
n'entraînait pas également la nullité du mariage.
Nous voyons, en effet, que le sénatus-consulte Cal-
vitien prononçait dans ce cas la confiscation de la
dot. Or, puisqu'il y avait une dot, il y avait mariage.

Nous savons, d'ailleurs, qu'à partir de Justinien,
la vieillesse ne formait plus un empêchement au
mariage.

IV. *Mariage contracté sans le consentement
du père de famille.* — Aux termes de la loi 2
De ritu nuptiarum le mariage contracté sans le
consentement du père de famille est absolument
nul : *nuptiæ consistere non possunt.* Néanmoins,
on a soutenu que le mariage ainsi contracté pouvait
être maintenu en invoquant ce passage des sentences

de Paul (Livre II. Tit. XIX, p. 2) : *eorum qui in potestate patris sunt, sine voluntate ejus matrimonia jure non contrahuntur sed contracta non solvuntur : contemplatio enim publicæ utilitatis privatorum commodis præfertur.* Le sens naturel de ce texte paraît être celui-ci : ceux qui sont soumis à la puissance paternelle ne peuvent se marier sans le consentement du père de famille ; mais une fois le mariage contracté, le défaut de consentement n'a plus d'effets.

Mais l'explication que Pothier donne de ce texte nous paraît bien plus conforme aux principes généraux du droit romain (Traité du mariage, n° 17). Suivant l'illustre jurisconsulte, ce texte veut dire : que les fils de famille ne peuvent valablement contracter mariage sans le consentement de leur père ; mais que le mariage une fois contracté, le père de famille n'a plus le droit de le dissoudre. Avant Antonin, les jurisconsultes avaient, en effet, admis que le consentement du père de famille était nécessaire pour la continuation comme pour la formation de l'union et que, par conséquent, le père, en revenant sur le consentement par lui donné, pouvait briser le mariage. C'est à cette constitution d'Antonin que se réfère le jurisconsulte, quand il dit que les mariages une fois formés ne peuvent être rompus.

III. *Peines qui en dehors de la nullité frappaient les violateurs des prescriptions légales.*

La violation des règles du droit n'était pas seulement sanctionnée par la nullité du mariage : la confiscation de la dot venait s'y joindre le plus souvent, sans préjudice des peines afflictives et infamantes que la loi prononçait contre les prétendus époux.

Ces différents châtiments atteignaient, en général, tous les violateurs des prescriptions légales, mais il en était d'autres plus sévères qui frappaient les unions incestueuses, c'est-à-dire, celles qui avaient été formées par des personnes que des liens de parenté ou d'alliances empêchaient de s'unir.

Au point de vue de la pénalité, on distinguait entre l'inceste du droit des gens et l'inceste simple. Il y avait inceste du droit des gens, quand il y avait union entre parents ou alliés dans la ligne directe ; inceste simple ou de droit civil quand le mariage avait eu lieu entre parents collatéraux, incapables de s'épouser suivant le droit civil romain. Le premier inceste n'était pas frappé de peines plus rigoureuses, mais il n'admettait aucune excuse ; tandis qu'en cas d'inceste simple la femme pouvait échapper à la répression ; car, il était permis aux femmes d'ignorer le droit civil.

DEUXIÈME PARTIE

DROIT COUTUMIER.

INTRODUCTION.

Dans notre ancienne législation, on distinguait, au point de vue juridique, les pays de droit coutumier et les pays de droit écrit. Par exception, le mariage était cependant régi au Nord comme au Midi, par les mêmes règles do droit.

Cette unité de règles en ce qui concerne le mariage n'a rien d'étonnant.

Le droit matrimonial ne dérivait ni des coutumes ni du droit romain; il avait sa principale source dans le droit canonique.

Tiré en partie du droit romain, composé surtout des décrétales des papes, et des canons des conciles, le droit canonique exerça durant le moyen-âge une immense influence qu'il dût principalement à deux causes : à son caractère d'ubiquité, et à l'énergie que les papes employèrent à faire prévaloir ses principes civilisateurs.

On ne mettait pas alors en parallèle le progrès moral, le progrès des idées, le progrès du bien, du beau et du vrai, avec le progrès matériel. L'église marchait à la tête dn progrès.

Elle avait proclamé des principes, sinon inconnus, du moins étouffés dans l'ombre jusqu'alors : la fraternité, la domination de l'esprit sur la chair. Dans l'état social, son premier triomphe fut l'affranchissement des esclaves; dans la famille, ce fut la réhabilitation de la femme, et, en vérité, l'église a fait la femme moderne, elle l'a ornée de cette enveloppe de pudeur que l'antiquité n'a pas connue et ne pouvait pas connaître.

Le principe de l'indissolubilité du mariage que l'église fit reconnaître et prévaloir, dût exercer une influence considérable sur l'état de la femme. L'abolition du concubinat, en ses points essentiels, car ainsi que nous espérons le démontrer, l'église n'en toléra que l'apparence, y contribua également.

Comme les Germains, dont ils composaient une des tribus, les francs étaient monogames. Toutefois, quelques-uns d'entre eux, les chefs et les principaux personnages de la tribu avaient des concubines. Même à une époque plus rapprochée, Eginard parle des concubines de Charlemagne. C'est une opinion très accréditée que l'église blâma le concubinat; mais qu'elle ne le prohiba point d'une façon trop absolue. Nous lisons, en effet, dans le dix-septième canon du concile de Tolède : « Que celui qui bien que marié vit avec une concubine, soit repoussé de la communion. N'en écartez pas cependant celui qui n'a pas d'épouse et qui vit avec une concubine ; celui qui se contente d'une seule concubine ou épouse légitime.

Nous pensons néanmoins que cette opinion, si accréditée qu'elle soit, manque d'exactitude. L'église ne toléra le concubinat qu'en l'assujétissant à des règles nouvelles. Les deux personnes qui s'alliaient de cette sorte, sans aucune formalité, devaient se donner la foi pour toute la vie, tandis que, suivant les lois romaines, elles pouvaient se séparer sans qu'il fut nécessaire d'alléguer aucun prétexte. Le concubinat toléré par l'église était donc en réalité un véritable mariage *maritale consortium*. C'était un mariage dénué de publicité ; ce défaut de publicité l'empêchait seul de produire des effets civils.

L'influence de l'église sur la société civile tendit à s'accroître de plus en plus jusqu'aux onzième et douzième siècles. Sous le pontificat de Grégoire VII, elle était à son apogée. Ses lois étaient devenues lois de l'état en matière de mariage ; les unions clandestines qu'elle avait tolérées étaient tombées en désuétude ; la célébration devant le prêtre était devenue indispensable ; la computation civile avait disparu et fait place à la computation canonique ; la juridiction ecclésiastique était seule compétente pour juger les questions de nullité ; en un mot, le mariage était regardé non comme un contrat, mais comme un sacrement.

Vers le quatorzième siècle les choses changèrent de face. La royauté s'était affermie ; la société civile s'était formée, elle avait grandie et dès lors que la tutelle de l'église ne lui était plus nécessaire elle la considérait comme un joug. Depuis cette époque, le droit canonique cessa d'être la source unique du droit matrimonial ; les ordonnances royales devinrent un de ses éléments.

En fait comme en droit, à la veille de 1789, le pouvoir ecclésiastique était encore considérable en matière de mariage ; il était notamment chargé de statuer sur les cassations. Mais, ainsi que le fait remarquer Pothier, il n'agissait plus que comme délégué du pouvoir séculier. Les règles canoniques n'étaient plus suivies qu'autant qu'elles se trouvaient adoptées par la législation de nos rois.

Nous ne terminerons pas ce rapide aperçu sans signaler la supériorité de notre législation actuelle sur le droit canonique, notamment en ce qui concerne le mariage. Par la rigueur de ses principes, par l'unité de ses vues, par la nature de ses prescriptions, le droit canonique nous paraît mieux approprié à la formation des sociétés religieuses, qu'à l'organisation des sociétés civiles, dans lesquelles il faut tenir compte des intérêts de la diversité des convictions et de la puissance des faits.

Sous l'empire du droit canonique, les protestants étaient obligés de se présenter devant le prêtre pour faire bénir leur union. En proclamant que le mariage était un contrat purement civil, le Code Napoléon a affirmé hautement le principe de la liberté de conscience et celui de la séparation des pouvoirs spirituels et temporels ; en autorisant le mariage entre cousins germains, il a fait disparaître un de ces obstacles trop nombreux que l'esprit religieux, par un zèle respectable mais peu mesuré, avait apporté à l'union matrimoniale ; en abolissant les nullités fondées sur la diversité de religion et l'affinité spirituelle, en faisant dériver les empêchements dirimants des lois civiles au lieu de les faire dériver des lois ecclésiastiques, il a nettement séparé l'intérêt social et l'inté.êt religieux, autrefois confondus. Il serait puéril et injuste de méconnaître ce progrès de nos lois, et nous pouvons d'autant mieux y applaudir que nous avons reconnu, avec la même impartialité, le pas immense que le christianisme avait fait faire à la civilisation. ·

Nous allons aborder maintenant la matière principale de notre étude. Nous l'avons divisée en quatre chapitres. — Le premier et le second traitent des empêchements au mariage qui sont communs à l'ancien et au nouveau droit. — Le troisième est relatif à la forme du mariage. — Le quatrième, enfin, a pour objet les actions en cassation.

CHAPITRE PREMIER.

Des empéchements au mariage communs à l'ancien et au nouveau droit.

Les empêchements communs à l'ancien droit et au Code Napoléon sont :

1° Le défaut de puberté.

2° L'existence d'un premier mariage.

3° La parenté ou l'alliance.

4° Le défaut de consentement des parents.

5° Le défaut et le vice de consentement des époux.

§. I. — *Du défaut de puberté.*

Dans notre ancien droit, l'âge requis pour contracter mariage était fixé pour les hommes à 14 ans, pour les femmes à 12 ans. Tout mariage contracté avant cet âge était nul.

L'impuissance, soit naturelle, soit accidentelle, formait également un empêchement au mariage. Il en avait été de même, à l'origine, pour la vieillesse ; mais au temps de Pothier on avait fini par permettre les mariages entre vieillards.

La règle qui faisait de l'impuissance, quelque fût sa nature, un empêchement au mariage, avait certainement un but très-moral, mais elle présentait un grave inconvénient au point de vue de la décence. La partie prétendue impuissante devait être visitée par des chirurgiens ou des matrones.

§ II. — *De l'existence d'un premier mariage.*

L'existence d'un premier mariage formait un empêchement absolu à l'union matrimoniale. Le droit canonique n'avait pas admis comme le droit romain que la femme, en cas d'absence de son mari, put se remarier au bout de cinq ans.

Nous trouvons, toutefois, une décision assez singulière édictée par le concile de Verberie en 752. Suivant cette décision, le mari partant pour faire la guerre à l'étranger pouvait contracter un second mariage du vivant même de sa première femme, lorsque celle-ci refusait de le suivre. Cette disposition, il est à peine besoin de le dire, ne fût que transitoire (Si quis necessitate inevitabili cogente, et alium ducatum seu provinciam fugerit.... et uxor ejus cùm valet et potest, amore parentum, eum sequi noluerit; ipsa innupta permaneat; nàm, ille vir si se abstinere non potest, aliam uxorem cum pœnitentia potest accipere).

§ III. — *De la parenté et de l'alliance.*

C'est surtout en cette matière que l'influence du droit canonique se fit sentir. La preuve de cette influence se trouve dans la modification apportée à

4

la manière de compter les degrés de parenté ou d'alliance. L'église abandonnant la computation civile du droit romain, essaya d'y substituer une computation nouvelle, qu'on désigne sous le nom de computation canonique. En ligne directe, en computation canonique comme en computation civile, on comptait autant de degrés que de générations. Mais en ligne collatérale, tandis qu'en computation civile les degrés se comptent par le total des générations qui séparent chacune des parties de l'auteur commun, en computation canonique on ne comptait de degrés qu'autant qu'il y avait de générations de l'une des parties à l'auteur commun. Ainsi, deux cousins germains étaient au second degré en computation canonique, tandis qu'ils sont au quatrième degré en computation civile. S'agissait-il de collatéraux respectivement placés à des degrés inégaux comme l'oncle et le neveu, on comptait autant de degrés qu'il y avait de générations de la personne la plus éloignée à l'auteur commun.

La prohibition du mariage entre cousins germains, que les empereurs chrétiens avaient établie, fût non-seulement renouvelée par tous les conciles tenus aux sixième et septième siècles, mais elle fût encore étendue aux cousins issus de germains. On ne s'arrêta pas là. En 757 le concile de Compiègne portait l'empêchement jusqu'au septième degré. Puis, vint en 1061 la fameuse décrétale d'Alexandre II qui imposa pour la première fois au monde catholique, la computation canonique. L'empêchement dans la ligne collatérale était ainsi porté au septième degré canonique, ce qui correspondait au quatorzième degré suivant le mode de computation civile (Pothier. Contrat de mariage, n° 130.

De graves inconvénients naquirent de ces prohibitions exagérées. Peu de rapports existaient entre les diverses populations, et il arriva souvent, que noe-seulement dans l'étendue d'une paroisse, mais parfois d'un fief entier, il n'y avait pas de mariage possible. Pour remédier à ces inconvénients, Innocent III, dans le concile général de Latran (1215), abrogea les décisions de ses prédécesseurs et restreignit les prohibitions au cinquième degré canonique. Quelques années plus tard, Grégoire IX (1241) décida même que le mariage serait permis entre parents dont l'un se trouverait être au quatrième et l'autre au cinquième degré de computation civile. Cette règle persiste jusqu'au dernier état de l'ancien droit.

L'affinité formait également un empêchement dirimant, lequel était soumis aux mêmes règles. Seulement, on distinguait ici entre le mariage *ratum*, c'est-à-dire celui où le contrat et le sacrements seuls étaient parfaits et le mariage consommé. Ce dernier seul produisait l'affinité. Aux yeux de l'église, l'union matrimoniale n'était pas complète tant que la cohabitation n'avait pas eu lieu.

Les conjonctions illicites produisaient dans l'ancien droit une deuxième sorte d'affinité entre concubins et concubines et leurs parents réciproques.

Le concile de Trente borna sur ce point l'empêchement au deuxième degré canonique.

IV. *Du défaut de consentement des parents.*

Le mariage contracté par un enfant sans le consentement de ses parents n'était pas annulé expressément dans notre ancien droit ; mais de nombreuses dispositions législatives renfermaient implicitement cette annulation. La jurisprudence
admettait, au reste, que l'action en nullité des
parents était couverte par la ratification expresse
ou tacite qu'ils donnaient au mariage.

La majorité matrimoniale était fixée à 21 ans
pour les filles, à 25 ans pour les hommes.

A côté du consentement de la famille se plaçait,
à l'époque féodale, celui du seigneur. Toutefois,
son refus n'était pas sans appel : lorsqu'il n'était
pas motivé la femme pouvait offrir une somme
d'argent pour indemnité du droit de garde. A partir
du quinzième siècle, la nécessité du consentement
du seigneur disparut.

V. *Du défaut de consentement des parties.*

On ne distinguait pas dans notre ancien droit,
entre le défaut et le vice de consentement : dans

toutes les hypothèses le mariage était nul de plein droit.

On reconnaissait trois sortes de vices du consentement en matière de mariage : la violence, l'erreur, la séduction.

La violence rendait nulle, comme aujourd'hui, l'union qui s'en trouvait infestée.

L'erreur n'était une cause de nullité que lorsqu'elle portait sur la personne physique.

La séduction se présumait de droit quand un mineur s'était marié sans le consentement de ses parents.

CHAPITRE DEUXIÈME.

Des empêchements spéciaux à l'ancien droit.

Les empêchements spéciaux à l'ancien droit étaient :

1° L'affinité spirituelle.

2° Les empêchements basés sur l'honnêteté publique.

3ª L'engagement dans les ordres sacrés.
4º L'adultère.
5ª La diversité de religion.

I. *Affinité spirituelle.*

L'affinité spirituelle est celle qui existait entre
le parrain et sa filleule, la marraine avec sa filleule ;
ou bien, entre le parrain et la mère de son filleul,
la marraine avec le père du filleul ou de la filleule.
Au reste, cet empêchement était très léger, et sa
violation ne donnait lieu qu'à des peines pécuniaires. Mais une autre affinité, bien plus caractérisée,
était celle qui existait entre des personnes consacrées à Dieu par des vœux solennels, ou entre un
séculier et une religieuse, ou enfin entre un confes-
seur et sa pénitente. A cet égard, nous trouvons
un arrêt du 11 janvier 1535 qui condamne le nommé
Falesse, convaincu de commerce incestueux avec
une religieuse du monastère de Monestier, *à être
décapité et ses membres affichés en pali sur le
chemin dudit monastère.*

II. *Empêchements basés sur l'honnêteté publique.*

Ces empêchements existaient :

1º Entre chaque fiancé et les parents de l'autre
fiancé. — Toutefois, en ligne collatérale, le concile

de Trente avait restreint cet empêchement au premier degré.

2º Entre l'époux dont le mariage n'avait pas été consommé et les parents de son conjoint. — A cet égard, les prohibitions étaient les mêmes que celles qui résultaient de l'alliance.

3ª Entre le mari et la belle-mère de sa défunte femme. — Mais cet empêchement fut supprimé par le quatrième concile de Latran en 1215.

III. *De l'engagement dans les ordres sacrés.*

Dans les premiers siècles de l'église, l'engagement dans les ordres n'entraînait pas la nullité du du mariage. Nous voyons, en effet, que Saint-Augustin combat la doctrine de ceux qui regardaient de pareilles unions comme des adultères. Ce n'est qu'à partir du second concile de Latran en 1139, que l'engagement dans les ordres produit un empêchement dirimant. Cette règle du concile de Latran fût adoptée par la jurisprudence unanime des parlements.

III. *De l'adultère.*

En droit romain, l'adultère et son complice ne pouvaient pas s'unir entre eux ; cette nullité avait passé dans notre ancien droit, mais elle fut restreinte par le pape Innocent III au cas spécial ou il y avait eu promesse de mariage entre la femme adultère et son complice, du vivant du premier mari, et ou l'adultère avait été suivi du meurtre du premier conjoint.

IV. — *De la diversité de religion.*

Pendant toute la durée du moyen-âge, les mariages entre orthodoxes et hérétiques, tout en étant considérés comme mauvais et dangereux, ne furent pas l'objet de prohibitions absolues. Louis XIV prononça, pour la première fois en France, la nullité des mariages mixtes contractés entre catholiques et protestants. « Voulons et nous plaît, dit le roi, qu'à l'avenir nos sujets catholiques ne puissent contracter mariage avec ceux de la religion prétendue réformée, déclarant tels mariages non valablement contractés, et les enfants qui en proviendront illégitimes et incapables de succéder aux biens de leurs père et mère. » (Edit de novembre 1680.)

Cet édit ne créait d'empêchements qu'aux mariages entre catholiques et protestants. Un autre édit d'octobre 1685, connu sous le nom de révocation de l'édit de Nantes, vint mettre obstacle au mariage des protestants entre eux. Cet édit ne fût aboli qu'en 1787, par Louis XVI.

CHAPITRE TROISIÈME.

De la forme du mariage.

Dans les premiers temps du christianisme les fidèles avaient pris l'habitude de faire bénir leurs unions par le prêtre. Toutefois, la bénédiction nuptiale, ainsi que la publicité du mariage, ne devinrent des conditions absolument nécessaires à la validité de l'union qu'à partir du concile de Trente, confirmé sur ce point par l'ordonnance de Blois, rendue par Henri III en 1579.

Cette ordonnance décide : « Qu'aucun mariage ne pourra être valablement contracté sans proclamations précédentes et célébration publique, à laquelle assisteront quatre témoins dignes de foi, et dont sera fait registre. »

Pour arriver à une publicité plus grande encore, une ordonnance de Louis XIII vendue en 1639, défendit aux curés de marier d'autres personnes que leurs paroissiens sans licence de leur évêque ou de leur curé. Enfin, l'édit de 1697 décida que les curés ne pourraient conjoindre en mariage d'autres personnes que celles qui demeuraient publiquement et actuellement dans leurs paroisses depuis six mois au moins. Aux termes de cette ordonnance, le propre curé des parties était celui dans la paroisse duquel elles ont eu, au moins six mois avant le mariage, un domicile actuel et public.

CHAPITRE QUATRIÈME.

Des actions en cassation.

A Rome, ainsi que nous l'avons dit, la nullité du mariage produisait son effet *ipso jure*, indépendamment de toute décision judiciaire. Il n'en était pas de même dans notre ancien droit. Dès qu'il y avait eu célébration, la nullité devait être demandée par les parties et prononcée par les juges compétents; on distinguait, d'ailleurs, comme aujourd'hui, entre les nullités absolues et les nullités relatives. (Pothier, n° 144.)

Nous examinerons: 1° Par qui les nullités pouvaient être proposées. — 2° Comment elles devaient l'être.

1. — *Personnes qui pouvaient invoquer les nullités du mariage.*

Les nullités absolues pouvaient être proposées, soit par les deux conjoints, soit par toute personne qui y avait un intérêt actuel. Les collatéraux ne pouvaient pas agir du vivant des deux époux. De plus, au témoignage de d'Aguesseau (tome II, plaidoyer II), ils n'avaient guère chance de triompher que dans les cas ou la considération du bien public semblait se joindre à eux pour s'élever contre un mariage odieux. Le silence du père et de la mère

des conjoints, la possession d'état formaient autant
de fins de non-recevoir qu'il leur était très-difficile
de repousser. Quant au ministère public, il ne pouvait agir que lorsqu'il y avait scandale. Il devait, par
exemple, demander la cassation des mariages en cas
de bigamie et d'inceste, lorsque ces crimes étaient
publics. Mais là se bornait sa mission. Dans toute
autre circonstance il devait garder le silence. Par
exception, la nullité résultant de l'impuissance ne
pouvait être invoquée que par le conjoint de l'impuissant.

Les nullités relatives à la différence des nullités
absolues, ne pouvaient être opposées que par certaines personnes : celles dont le droit se trouvait
lésé. Elles provenaient, en effet, non pas du non
accomplissement d'une condition inhérente au mariage, mais de la violation du droit d'une les personnes intéressées. Ou bien, c'étaient les parents
dont le consentement n'avait pas été donné, — ou
bien, c'était un vice qui infestait le consentement
donné par l'une des parties. Dans le premier cas, les
parents pouvaient seuls attaquer le mariage, et ls
devaient intenter leur action dans l'année ou ils
avaient eu connaissance et avant que l'enfant eut
atteint sa majorité. Dans le second cas, la nullité ne
pouvait être proposée que par l'époux violenté, sé-
duit ou induit en erreur, et elle pouvait être repoussée par certaines fins de non-recevoir. L'action était
non recevable en cas d'erreur sur la personne, quand
il y avait eu cohabitation depuis la découverte de

l'erreur ou réhabilitation expresse du mariage.
Aucun délai n'avait été fixé pour cela.

II. *Comment les nullités devaient être proposées.*

Deux voies étaient ouvertes pour faire annuler le mariage : demande en cassation portée devant le juge ecclésiastique, appel comme d'abus porté devant le parlement.

Les juges ecclésiastiques compétents étaient les officialités des diocèses. A l'origine, les évêques décidaient seuls ces questions. A une époque que l'on ne peut guère préciser, ils déléguèrent à leur place un de leurs prêtres qui prit le titre d'official. Il y avait des officialités de deux degrés : les unes jugeaient en premier ressort; les autres, placés ordinairement au siége des archevêchés, étaient tribunaux d'appel.

Les tribunaux ecclésiastiques ne pouvaient statuer que sur la validité ou l'invalidité du mariage. Les questions de dommages-intérêts, l'appréciation des faits matériels, n'étaient pas de leur ressort et devaient être portés au juge séculaire. Quant aux parlements, ils s'en occupaient aussi, mais seulement par voie extraordinaire d'appel comme d'abus.

Les juges ecclésiastiques appliquaient à la lettre la fameuse maxime que l'homme ne peut séparer ce que Dieu a uni. Le but de tous leurs efforts, c'était de réhabiliter les mariages; ils ne les annulaient qu'à la dernière extrémité. Le respect que l'on portait au sacrement était tel que les jugements rendus par les tribunaux ecclésiastiques pouvaient être rétractés lorsque de nouvelles preuves survenues depuis établissaient que l'empêchement n'existait pas réellement. (Pothier. Contrat de mariage n° 46, 1)

La loi du 18 septembre 1792 fit disparaître la juridiction ecclésiastique en introduisant entre le contrat civil et le contrat religieux, cette séparation radicale qui est devenue un des principes du Code Napoléon.

TROISIÈME PARTIE

CODE NAPOLÉON.

INTRODUCTION.

Il est au début de cette matière une distinction qui la domine. C'est la distinction des nullités et des annulabilités ; ou en d'autres termes, des nullités absolues et des nullités relatives.

Le mariage nul est celui qui, bien qu'il ait paru se former n'a réellement aucune existence légale ; ce n'est pas seulement un mariage imparfait, c'est un mariage inexistant. Le mariage annulable, au contraire, est celui qui s'est réellement formé, mais qui s'est trouvé infecté d'un vice qui peut en entraîner l'annulation. Pour tout dire en un mot, le mariage nul est celui qui manque d'une condition nécessaire à son existence; le mariage annulable est celui qui manque seulement d'une condition nécessaire à sa validité. Le premier peut être perpétuellement attaqué par tous ceux qui y ont intérêt; le second ne peut-être attaqué que par la partie lésée ; il est susceptible d'être ratifié expressément ou tacitement par elle.

Dans tous les cas, il est vrai, lorsque le mariage est nul aussi bien que lorsqu'il est annulable ; ou si on l'aime mieux, lorsqu'il s'agit d'une nullité absolue aussi bien que lorsqu'il s'agit d'une nullité relative, il faut s'il y a contestation s'adresser aux tribunaux ; mais les conditions des deux recours sont bien différents : dans la première hypothèse, on ne demande pas au tribunal de casser, d'annuler le mariage ; on lui demande de reconnaître qu'il n'existe pas et n'a jamais existé ; — dans la seconde, on lui demande, au contraire, d'anéantir le mariage.

Dans quels cas les mariages sont-ils absolument nuls ou seulement annulables.

Il est d'abord incontestable qu'au nombre des conditions dont l'absence annule le mariage, il faut compter la différence de sexe, le consentement des futurs époux et le prononcé de leur union par l'officier de l'état civil.

L'union matrimoniale est en quelque sorte un composé de ces trois éléments et l'on ne peut parler de mariage sans les supposer.

Mais il ne faut pas s'arrêter là. Nous croyons que si l'un des deux époux était déjà marié, ou se trouvait impubère ; que si entre les deux époux il existait une parenté exclusive du mariage ; ou enfin que si la célébration n'avait pas été publique ; nous croyons que même dans ces cas le mariage est absolument nul, qu'il ne se forme pas, qu'il n'a qu'une apparence d'existence, et que par conséquent les tribunaux n'ont pas à l'annuler, mais seulement à en constater la nullité préexistante.

Nous devons le reconnaître, cette théorie n'est pas généralement admise. Suivant le plus grand nombre des auteurs, trois conditions seulement sont nécessaires à l'existence du mariage, savoir : la différence de sexe, le consentement des parties et l'intervention de l'officier de l'état civil. Les autres conditions ne sont exigées que pour sa validité. D'ou il faudrait conclure qu'il peut se former en leur absence, qu'il peut exister sans elles, et que les tribunaux ont à l'annuler et non pas seulement à en reconnaître l'inexistence.

Nous persistons néanmoins à soutenir qu'il faudrait considérer comme dépourvus de toute existence légale les mariages entachés d'une nullité absolue, susceptible d'être invoquée perpétuellement et par tous les intéressés. Pour nous, dans ces mariages, il n'y a rien qu'une célébration sans effets, et l'on peut dire que soit qu'ils manquent de l'une des trois conditions que tout le monde regarde comme nécessaires à l'existence du mariage, soit qu'ils manquent de toute autre condition dont l'absence suffit pour faire naître une nullité absolue ils n'ont qu'une apparence d'existence. Seulement, dans le premier cas, ce sont les conditions de droit naturel dont il y a à constater l'absence, au lieu que dans le second cas ce sont des conditions tirées du droit positif.

Est-ce que par exemple la nullité qui provient de l'existence d'un premier mariage ne forme pas un obstacle aussi radical à l'union matrimoniale, au moment ou elle se célèbre, que celle qui résulte de la similitude de sexe, ou du défaut de consentement? Est-ce que l'existence de ce premier mariage ne sépare pas les parties qui demandent à s'unir aussi complètement que possible? Sans doute, l'impossibilité ne vient ici que de la loi, de nos mœurs, de notre civilisation. Ce n'est pas une impossibilité qui dérive des lois naturelles; mais est-elle pour cela moins complète et moins réelle?

Cette analogie que nous signalons entre les nullités qui proviennent de l'absence d'une condition nécessaire à l'existence naturelle du mariage et celles qui résultent de l'absence d'une condition nécessaire à son existence juridique, ne s'arrête pas au cas d'un second mariage célébré avant la dissolution du premier. Que l'obstacle vienne de la parenté des époux, du défaut d'âge, ou de l'absence de publicité, il n'est pas moins énergique, il ne suffit pas moins à enlever toute signification à l'apparente célébration qui s'accomplit.

Concluons donc que les nullités qui proviennent de l'existence d'un premier mariage, de la parenté, du défaut d'âge, ou de la clandestinité, produisent les mêmes effets que celles qui résultent de l'identité de sexe, du défaut de consentement, et d'intervention d'un officier de l'état civil; que les unes et les autres empêchent la formation du mariage.

Il nous reste à dire quelques mots sur les annulabilités.

Elles ne naissent pas de ces principes inflexibles de la nature ou de l'ordre public qui sont la source des nullités absolues. C'est à l'intérêt des familles, à celui des conjoints eux-mêmes, que la loi accorde ici sa protection. Aussi elles n'empêchent pas le mariage de se former, et d'exister jusqu'à ce qu'il ait été attaqué. Quelques auteurs ont prétendu que cette distinction des nullités en nullités relatives et nullités absolues n'avait pas passé dans le code. Mais l'exposé de la théorie de la loi y a répondu d'avance. Sans doute, cette distinction n'a point passé avec toute la précision que le législateur devrait être soigneux de garder dans le langage de notre code. Dans le cours des articles qui s'y réfèrent, comme à l'intitulé du chapitre que nous expliquons, il a parlé seulement des *nullités* de mariage. Mais qui ne voit là, surtout après les aveux de la discussion préparatoire du conseil d'état, après l'adoption de règles pratiques qui dérivent de cette distinction, qui n'y voit simplement un effet de la pauvreté de notre langue juridique, et de la précipitation qu'apportèrent les rédacteurs du Code à l'œuvre immense qu'ils accomplirent.

Au reste, il suffit de se reporter aux ouvrages des jurisconsultes que l'on accuse de rejeter cette distinction pour voir qu'en réalité ils n'entendent pas l'exclure. Ils disent qu'il n'est point dans notre législation de mariage qui soit *nul de plein droit,* mais ils expliquent ce qu'ils entendent par ces paroles : « Il y a toujours, dit Toullier, *un titre et une apparence qu'il faut détruire*, une question à décider par le juge qui doit appliquer le droit au fait. — Duranton s'exprime dans les mêmes tèrmes : « Le mariage n'est pas nul de plein droit quels que soient les vices dont il est infecté : *il y a un titre public, authentique*, dont il faut faire anéantir l'effet, et les parties auxquelles il s'applique n'en sauraient être constituées juges. — Dans ce sens, nous admettons, nous aussi, qu'il n'est point de mariage *nul de plein droit*; que dès qu'un acte a un semblant d'existence, dès que sa réalité peut invoquer une preuve, personne n'a le pouvoir de substituer son jugement à celui des tribunaux. Dès lors il nous est permis de considérer comme un principe certain cette distinction des nullités et des annulabilités.

Nous trouvons dans le code six causes de nullité savoir : le vice de consentement des époux ; le défaut de consentement des parents ; le défaut de puberté ; l'existence d'un premier mariage ; la parenté ou l'alliance ; le défaut de publicité. Les deux premières constituent des nullités relatives ; les autres sont des nullités absolues.

En conséquence nous diviserons notre étude en sept chapitres qui traiteront de chacune de ces nullités ; le septième sera consacré à certaines questions controversées.

CHAPITRE PREMIER.

De la nullité résultant des vices du consentement.

Ici, comme dans les chapitres suivants, nous établirons :

I. — Quels sont les vices qui peuvent affecter le consentement.

II. — Quelles sont les personnes qui peuvent invoquer la nullité.

III. — Quelles sont les fins de non-recevoir qu'on peut opposer à l'action.

SECTION I.

Des vices qui peuvent affecter le consentement.

Le consentement est l'âme du mariage. Le mariage étant un contrat ne saurait exister sans l'accord de deux volontés, sans le consentement des deux parties.

L'absence de tout consentement peut se rencontrer dans trois hypothèses principales : 1° L'un des contractants n'était pas sain d'esprit; 2° Une substitution de personnes a eu lieu au moment même du mariage ; 3° L'un des conjoints n'a pas prononcé la formule du consentement. Dans ces trois cas il n'y a pas de mariage. C'est ce que l'article 146 établit en disant : qu'il n'y a point de mariage sans consentement. Ce principe est lié d'une union tellement intime à la nature du mariage que le législateur n'a pas cru nécessaire d'énoncer la nullité qui résulte de son inobservation. Il s'est borné à mentionner les nullités qui affectent le mariage, lorsque le consentement donné n'avait pas certaines qualités.

En effet, en supposant que le consentent ait été donné, et qu'il ait été donné par une personne juridiquement capable, il peut arriver qu'il soit entaché de vices assez graves pour entraîner la nullité du contrat.

En règle générale, la loi reconnaît trois vices du consentement susceptibles de produire l'annulation des contrats : le dol, la violence et l'erreur. (Nous ne mentionnons pas la lésion, parce qu'elle n'est pas à proprement parler un vice spécial du consentement, mais plutôt une erreur portant sur des qualités accessoires.) En ce qui concerne spécialement le contrat de mariage, l'article 180 décide : « que le mariage contracté sans le consentement libre des deux époux ou de l'un d'eux, peut être attaqué par les époux, ou par celui des deux dont le consentement n'a pas été libre : » il en est de même : « lorsqu'il y a eu erreur dans la personne de l'un des conjoints. »

Ainsi voilà la violence et l'erreur formellement reconnues par la loi comme vices du consentement susceptibles de rendre annulable le mariage qui en est entaché. Voyons s'il en est de même du dol.

I. — *Du dol.*

Les auteurs sont à peu près unanimes pour refuser de voir dans le dol une cause de nullité du mariage. En effet, si l'on considère attentivement la nature du dol et les effets qu'il est appelé à produire, on se convaincra qu'il n'est pas à proprement parler un vice de consentement; qu'il ne donne ouverture à une action en nullité qu'en supposant un concours de circonstances extrinsèques; et qu'enfin, dans les cas même où il entraîne l'annulation du contrat, il ne l'entraîne qu'afin de remettre les parties dans la position où elles seraient s'il n'avait pas eu lieu. Or, cet effet du dol ne peut s'appliquer au contrat de mariage. Dans cette hypothèse, comme le fait observer Marcadé, toute compensation, toute indemnité, toute remise des choses, au même état que devant est possible. Ainsi, le dol ne produisant en définitive par lui-même qu'une action en dommages-intérêts, et les dommages-intérêts étant en matière de mariage une réparation tout à fait illusoire, il faudrait un texte formel pour qu'il pût servir de base à une action en nullité. Or, non-seulement ce texte n'existe pas, mais celui que nous possédons, l'article 180, énumère limitativement les hypothèses où l'annulation pourra être demandée. Passons à l'examen de ces hypothèses.

II. — *De la violence.*

La violence est considérée comme le vice destructif par excellence de la liberté du consentement, qu'elle altère dans son essence. La loi, au titre du mariage, n'indique pas spécialement quand elle reconnaîtra à la violence, des caractères suffisants pour entraîner la nullité du mariage. Il faut donc se reporter aux règles du droit commun, en matière de violence.

Elle doit être considérable, de nature à faire impression sur une personne raisonnable.

Peu importe, qu'elle soit exercée physiquement ou moralement, pourvu qu'elle soit de nature à faire craindre un dommage considérable et présent ;

Qu'elle soit le fait d'un tiers, ou le fait de l'une des parties contractantes ;

Qu'elle menace directement la personne avec laquelle on veut contracter ou ses ascendants, ses descendants.

Du reste, il faut que la violence soit, comme le dit Pothier, une violence injuste, *adversus bonos mores.* C'est pourquoi, ajoute-t-il, « si un homme qui a abusé d'une jeune fille s'est porté à l'épouser par la crainte d'un décret de prise de corps qu'elle aurait obtenu contre lui, le mariage serait valable, car le décret de prise de corps obtenu contre lui était une voie de droit et non pas une violence *adversus bonos mores*.

III. — *De l'erreur*.

Dans les contrats ordinaires l'erreur entraîne la nullité dans deux cas, savoir :

1° Lorsqu'elle porte sur la substance; 2° lorsqu'elle porte sur la personne, alors que le contrat a lieu en vue de la personne — Aux termes de l'article 180 l'erreur dans la personne est une cause de nullité, en matière de mariage?

Qu'est-ce donc que l'erreur dans la personne ? Dans quelles hypothèses cette erreur peut-elle être le motif de l'annulation du mariage? A cet égard nous trouvons plusieurs systèmes.

Suivant le premier, ces mots *erreur dans la personne* doivent s'entendre exclusivement de l'erreur sur la personne physique avec laquelle on a contracté; de celle qui a lieu, par exemple, lorsqu'on s'est marié avec Prima en croyant épouser Secunda. — Ce qui le prouve, c'est d'abord le texte de l'article 180 lui-même, puisqu'il mentionne l'erreur dans la personne ce qui exclut l'erreur sur les qualités ; — c'est ensuite cette considération que l'erreur sur les qualités de la personne n'avait jamais été dans l'ancien droit une cause de nullité, et que le Code ne s'étant pas expliqué à cet égard, il faut en conclure qu'il entend admettre la même règle.

Mais à ces arguments on oppose d'autres arguments bien plus décisifs. D'abord : — 1° En cas d'erreur sur l'identité physique de la personne avec laquelle on a contracté mariage il n'y a pas vice, mais défaut, c'est-à-dire inexistence du consentement. Or, le cas d'inexistence du consentement ayant déjà été prévu par l'article 146, il ne peut en être question ici. — 2° S'il s'agissait de l'erreur sur l'identité physique on ne pourrait s'expliquer la disposition de l'article 181 qui accorde à l'époux trompé un délai de six mois, à partir du jour où l'erreur a été reconnue pour former sa demande en nullité, comme si une erreur de cette nature pouvait persister après le mariage, et ne devait pas être reconnue le jour même de la célébration. — 3° Enfin, s'il s'agissait de cette sorte d'erreur, on pourrait dire que notre article 180 se trouve à peu près inutile, puisqu'il s'applique à une hypothèse qui ne se réalisera que très-difficilement.

Aussi d'après la doctrine aujourd'hui généralement adoptée, ces mots *erreur dans la personne* s'entendent de l'erreur sur ses qualités essentielles. Mais ici se présente une nouvelle difficulté. Quelles sont les qualités essentielles dont l'absence peut entraîner l'annulation du mariage ?

Suivant les uns, il faut, à cet égard, laisser aux tribunaux une complète liberté d'appréciation. C'est à eux à déterminer ces qualités, puisque la loi ne les énonce pas elle-même. C'est là, en un mot, une question de fait et non une question de droit. (M. Valette. Explication sommaire du livre 1" du Code Napoléon, p. 107).

A notre avis les qualités dont la présence est essentielle dans chacun des deux époux sont celles sans lesquelles on ne pourrait obtenir l'accomplissement des fins légales du mariage : l'assistance, où la procréation. Par conséquent, la nullité du mariage, pourrait être demandée pour cause d'erreur dans la personne, lorsqu'on a épousé une personne qu'on croyait moralement et physiquement propre au marirge et qui ne l'est pas ; par exemple lorsque par erreur une catholique a épousé un prêtre, — ou lorsque par erreur on s'est uni par le mariage à une personne condamnée à une peine perpétuelle, — ou enfin lorsqu'on a épousé un impuissant, qu'on croyait apte à la procréation — au contraire, la nullité du mariage ne pourrait pas être demandée, si l'on avait épousé une prostituée en la croyant honnête femme, ou si l'on avait épousé une veuve en la croyant fille. En effet, la mission de la loi se borne à garantir l'accomplissement des fins légales du mariage ; elle n'a rien de plus à garantir, et c'est aux particuliers à prendre leurs mesures pour être assurés de trouver dans la personne qu'ils épousent les qualités spéciales et personnelles auxquelles ils attachent du prix. Pour le législateur il suffit que la personne qu'on épouse ait les qualités absolument nécessaires pour remplir le but commun du mariage, pour être en un mot une personne variable.

Cette théorie présente sur toutes les autres un avantage considérable, celui de la précision. Dès qu'on admet que cette expression *d'erreur dans la personne* doit s'entendre de quelques-unes de ses qualités, il faut pouvoir les déterminer. Pour les déterminer il faut suppléer par une logique rigoureuse au silence du législateur. Dire que celui-ci abandonne aux juges l'appréciation des faits, c'est tourner la difficulté, au moyen d'une affirmation , ce n'est pas la résoudre. Étendre au-delà des limites que nous avons tracées les cas de nullité, c'est-à-dire les étendre au-delà du strict nécessaire, au-delà du point fixé impérieusement pour la force des choses, c'est méconnaître les règles d'une saine logique.

Ce que nous venons de dire ne s'applique à proprement parler qu'aux qualités sociales de la personne. Quant à ses qualités civiles, c'est-à-dire quant aux qualités qu'elle tient de son état civil, les discussions préparatoires du Conseil d'Etat établissent très nettement que l'erreur qui s'y applique est une erreur dans la personne.

« Il y a mariage, dit le premier consul, mais mariage susceptible d'être cassé, lorsque l'individu étant physiquement celui sur lequel le consentement a porté, il n'appartient pas cependant à la famille dont il prend le nom. Dans notre législation actuelle, ajoute M. Emery, il y a erreur dans la personne, toutes les fois que l'acte de naissance se trouve faux, parce que le mari a consenti à épouser la fille d'un individu déterminé ; — et M. Malleville — ce serait vainement que l'on voudrait réduire l'application de cette règle à l'erreur sur la personne physique avec laquelle on se présente. Une règle si juste et si sage a donc nécessairement un autre objet : c'est la personne sociale. »

Ainsi les travaux préparatoires sont formels ; il s'agit dans l'article 180 de l'erreur dans la personne sociale, de l'erreur dans la personne civile de l'un des conjoints. Le mariage que la loi annule, c'est le mariage contracté avec un individu qui s'est faussement attribué un état civil qu'il n'avait pas.

Prenons un exemple indiqué dans tous les auteurs mais qui rend la démonstration plus sensible.

Un père, dit-on, veut marier sa fille au fils de son vieil ami qui habite un pays éloigné. Un homme se présente comme le fiancé que l'on attend : l'union est célébrée, puis on vient à savoir que cet homme est un aventurier, qu'il a pris un faux nom, produit des actes mensongers et abusé de secrets qu'il avait surpris. Le mariage pourra-t-il être annulé ? Oui, parce que ce qui constituait la personne de l'époux, ce n'était pas l'individualité physique, mais la qualité supposée de membre de la famille de telle personne déterminée, parce que, ainsi que le disait Cambacérès au Conseil d'Etat « on doit considérer le consentement comme erroné lorsque l'individu qui l'a donné épouse la fille d'un autre que celui avec lequel il voulait s'allier; parce que, ajoute-t-il, « le mariage forme des liens, non-seulement entre les époux mais encore entre les familles. »

En résumé, ces expressions de l'article 180 *erreur dans la personne* ne peuvent s'entendre de l'erreur sur l'identité physique, ce dernier cas ayant déjà été prévu par l'article 146. — Ils doivent uniquement s'entendre de l'erreur sur les qualités qui sont nécessaires au mariage, ainsi que de l'erreur sur la filiation ; encore faut-il ajouter pour ce dernier cas : si la filiation a été prise en considération par l'époux induit en erreur.

Mais nous repoussons formellement la doctrine de ceux qui veulent étendre au-delà les cas de nullité pour cause d'erreur dans la personne. Nous ne pouvons admettre, par exemple, que l'on tire argument de ce que la condamnation de l'un des deux époux à une peine infamante était une cause de de divorce, pour décider qu'elle doit être compté parmi les causes de nullité, lorsqu'elle était ignorée par l'un des deux époux. Les règles du divorce nous paraissent toutes différentes de celles des nullités. Elles procèdent d'autres considérations ; elles partent de la négation du principe d'indissolubilité du mariage. Nous comprenons très bien que la jeune fille pure, honnête et croyante, dont la confiance a été surprise, qui par des manœuvres coupables a été amenée à s'unir pour la vie à un prêtre oublieux de

ses serments, puisse demander la nullité de son ma
riage pour cause d'erreur dans la personne, parce
qu'il y a pour elle une impossibilité absolue d'accom-
plir ses devoirs d'épouse, impossibilité morale, il
est vrai, mais éminemment respectable et digne
d'être prise en considération par la loi qui garantit à
tous les Français le libre exercice de leur culte. Mais
notre esprit se refuse à admettre que la jeune fille,
quelque pure et quelque honnête qu'elle soit, puisse
de même rompre le lien qui l'unit à un homme flétri
par une condamnation infamante, si cette condamnation n'est pas perpétuelle, si elle n'élève pas un
obstacle absolu à l'accomplissement des fins du mariage. Ce serait ouvrir une brèche fatale au principe
de l'indissolubilité de l'union conjugale, ce serait
faire d'une question de principe une question de fait.
Les situations pénibles, intolérables, ont un remède,
la séparation de corps. Ce serait indirectement recourir au divorce, que n'admettent pas nos lois, que de
recourir aux nullités dans les cas ou l'on a trouvé
dans l'union matrimoniale ces terribles déceptions
qui brisent des existences mais qui ne sont pas des
obstacles légaux à l'accomplissement des fins du
mariage.

Nous avons dit que l'impuissance naturelle reconnue constituait une cause de nullité, lorsqu'elle
existait antérieurement au mariage, et qu'elle avait
été inconnue du conjoint de l'impuissant.

Cette opinion a des contradicteurs; elle est com-
battue notamment par Toullier (tome 1er, n° 525 et

526) et Duranton (tome 1", n° 70 et 71) qui, à cet égard, soulèvent deux objections qu'il n'est pas permis de passer sous silence.

En premier lieu, ils font observer que l'on ne peut compter l'impuissance naturelle parmi les causes de nullité du mariage, parce qu'elle n'est pas admise parmi les faits que peut alléguer le mari pour intenter l'action en désaveu. — Mais ces auteurs oublient combien les deux espèces sont différentes. Dans l'action en désaveu il s'agit d'un homme qui s'étant marié malgré son impuissance et qui ayant le plus souvent trompé la femme qu'il prenait comme épouse voudrait ensuite se faire une arme de sa mauvaise foi. Ici, au contraire, il s'agit d'une personne qui ayant été trompée vient demander à ce qu'on ne la condamne pas à une union malheureuse.

En second lieu, on fait valoir la difficulté de la preuve, son incertitude, les inconvénients qu'elle présente relativement à la décence. Pour constater l'état physique de la personne prétendue impuissante, il faudra qu'elle soit visitée par les gens de l'art. Que déciderait-on si elle s'y refusait? La ferait-on visiter de force? Mais il n'est aucune loi qui autorise cette contrainte. — Cette objection n'est pas sans valeur, mais on peut y répondre et ne pourrait-on la réfuter complétement il faudrait peut-être passer outre et la négliger car s'il est une considération qui domine toutes les autres, c'est qu'on ne peut imposer le célibat forcé, ou l'adultère. La visite peut offenser la pudeur, mais une telle situation offense la morale. Cette visite n'a pas, d'ailleurs, tous les inconvénients qu'elle paraît avoir. S'agit-il de l'époux elle ne présente certaine- ment que des inconvénients très-légers, elle est bien moins indécente que les visites qui ont lieu pour l'exécution des lois sur le recrutement et sur les douanes. S'agit-il de l'épouse on peut ménager sa pudeur en employant des sages-femmes. Quant à la preuve qui en résulte, si elle est quelquefois incer- taine, il y a des cas ou elle ne peut faire aucun doute, et d'ailleurs serait-elle douteuse ce ne serait pas une raison pour s'en passer puisqu'il n'en existe pas de plus certaines.

SECTION II.

Quelles sont les personnes qui peuvent invoquer la nullité ?

Le vice du consentement constitue une nullité relative et par conséquent cette nullité ne peut être invoquée que par certaines personnes limitative- ment déterminées. Aussi l'article 180 est-il essen- tiellement restrictif. Le mariage, y est-il dit, ne peut être attaqué que par les époux, ou par celui des deux époux dont le consentement n'a pas été libre, ou par celui qui a été induit en erreur. Seuls, en effet, ils peuvent savoir s'ils n'ont pas été véri- tablement libres. L'intérêt de la famille, son intérêt moral même, pourra être parfois lésé par cette règle, mais la loi le sacrifie ici et avec raison au principe supérieur de l'indissolubilité de l'union contractée.

Ainsi le mariage ne peut être attaqué, ni par les ascendants, ni même par le conjoint de l'époux violenté ou induit en erreur, s'il a lui-même donné son consentement librement et en pleine connaissance de cause.

Exclusivement attachée à la personne des époux, l'action en nullité des articles 180 et 181 ne peut non plus être intentée par leurs créanciers. Mais malgré toute la précision des textes, quelques difficultés se sont élevées relativement aux héritiers. Aux termes de l'article 724 les héritiers succèdent à tous les biens, droits et actions du défunt. Lorsque le conjoint qui pouvait faire valoir la nullité est décédé dans les délais utiles sans l'avoir invoqué, ses héritiers peuvent-ils intenter eux-mêmes l'action? — Ne peuvent-ils pas au moins continuer l'action en nullité, lorsque l'époux meurt pendant l'instance?

Pour établir que les héritiers peuvent intenter eux-mêmes l'action dans la première hypothèse, on dit qu'ils succèdent à l'action en désaveu quoi qu'elle soit une action personnelle; que le conjoint est peut-être décédé avant que la contrainte et l'erreur aient cessé, et qu'enfin leur qualité d'héritiers leur donne en principe le droit d'exercer toutes les actions de leur auteur. — Malgré ces considérations, l'hésitation n'est guère possible, en présence du texte absolument restrictif de l'article 180. La règle que les héritiers peuvent exercer tous les droits de leur auteur peut recevoir des exceptions. Elle en reçoit ici. C'est à l'époux seul qu'il appartient de faire annuler un mariage qui lui préjudicie: lui seul peut apprécier l'opportunité, la convenance de l'action à intenter ; ce qui constitue le caractère propre à la violence, à l'erreur, c'est de ne pouvoir être connue et attestée avec quelque certitude que par celui qui prétend en avoir été l'objet.

Mais si le procès a été commencé par le conjoint, les héritiers pourront-ils le continuer, s'il vient à mourir au cours de l'instance? Un certain nombre d'auteurs soutiennent la négative. En cas de doute, disent-ils, il vaut toujours mieux revenir au droit commun. Or, la validité est la règle, la nullité est l'exception. D'ailleurs, ajoutent-ils, ces expressions de l'article 181 ne peuvent avoir d'autre sens que celui d'interdire absolument toute instance à d'autres personnes qu'aux époux. Introduire une instance ou la continuer, c'est toujours la poursuivre, c'est toujours attaquer le mariage. (Marcadé sur l'art. 180, t. 1, p. 481).

L'affirmative nous paraît, néanmoins, préférable. Et d'abord, dans l'espèce, l'exception consiste à interdire aux héritiers uneaction que pouvait exercer leur auteur. Lorsque l'exception n'est pas formelle il faut revenir à la règle. Or, en notre hypothèse, elle n'est pas formelle, car ces mots : le mariage ne pourra être attaqué peuvent très-bien s'entendre en ce sens qué sa nullité ne pourra pas être soulevée — il n'y a d'ailleurs rien de contradictoire à dire que les héritiers puissent continuer une action qu'ils n'avaient pas la faculté de soulever eux-mêmes. En l'intentant l'époux a nettement déclaré qu'il y avait vice de consentement, qu'il n'avait pas renoncé au droit de faire valoir l'action en nullité que la loi lui accordait; il a transmis à ses héritiers une obligation morale.

SECTION III.

Quelles sont les fins de non-recevoir qu'on peut opposer à l'action ?

En matière de contrats ordinaires, les vices du consentement des parties contractantes peuvent être couverts par la ratification expresse, par la ratification tacite, par la prescription. Nous allons voir si ces fins de non-recevoir sont applicables à la matière qui nous occupe.

I. — *De la ratification tacite.*

Aux termes de l'article 181, la ratification tacite résulte : « de la cohabitation continuée pendant six mois, depuis que l'époux a atteint sa pleine liberté, ou que l'erreur a été par lui reconnue. »

Les termes de la loi sont, comme on le voit, très-précis. Par conséquent, ni le silence des deux époux pendant ce délai de six mois, ni la grossesse de la femme survenue avant son expiration ne suffiraient pas à couvrir ici la nullité. Cette grossesse, en effet, peut être le fruit de l'adultère de la femme et alors même qu'elle prouverait la cohabitation des époux cela ne suffirait pas, puisque cette cohabitation doit être continuée pendant six mois.

Il peut arriver que la cohabitation ait subi quelques interruptions. Ce sera alors aux tribunaux à décider si elles ont ou non une importance suffisante pour laisser douter de la ratification.

Au reste, c'est à tort, selon nous, qu'on a critiqué la longueur de ce délai de six mois ; et cela, non-seulement parce que le fait qui emporte ratification tacite d'un contrat annulable doit en être parfaitement distinct, mais surtout parce que la femme trompée a pu fort bien subir pendant quelque temps la cohabitation, après qu'elle a eu connaissance de l'erreur. Il fallait tenir compte de sa faiblesse, ainsi que des considérations de toute nature qui ont pu retarder son action.

II. — *De la ratification expresse.*

Il n'est pas question de la ratification expresse dans l'article 181. Mais un grand nombre d'auteurs pensent que cet article n'a rien de limitatif et qu'on doit admettre la ratification expresse, ainsi que l'admettait formellement l'ancien droit. (Dans ce sens, Demolombe, n° 264. — Marcadé, tome 1er, n° 645.)

Telle n'est pas notre opinion. Cette question, comme la précédente, demande une observation très-délicate des faits, plutôt qu'une solution abstraite. C'est en examinant attentivement la situation dans laquelle peut se trouver l'époux trompé ou violenté, surtout si c'est la femme, qu'on arrive à découvrir la pensée du législateur. Qu'est-ce qu'une ratification expresse? c'est l'œuvre d'un moment! elle peut être arrachée à la faiblesse, à la défaillance, obtenue par la ruse, par l'ascendant moral que les deux époux exercent l'un sur l'autre. Qu'est-ce qu'une ratification tacite résultant d'une cohabitation de six mois? c'est, au contraire, la marque d'une volonté persévérante et réfléchie. C'est donc avec raison que le Code n'a pas voulu en admettre d'autres.

III. — *De la prescription.*

L'action en nullité du mariage est une action d'état. Or, aux termes des articles 328 et 2,226, les actions d'état ne peuvent se prescrire. D'ailleurs, la prescription repose sur une ratification tacite et nous avons vu qu'en cette matière la ratification n'existe

qu'autant qu'il y a eu entre les époux six mois con-
sécutifs de cohabitation.

Et puis, la prescription suppose de la part de celui
contre qui elle s'accomplit un abandon volontaire
de son droit, ou tout au moins une négligence. Or,
dans l'espèce, l'époux qui n'a pas agi en justice,
peut-il être taxé de négligence? Il a reculé peut-
être devant la crainte du scandale. Peut-on le lui
reprocher? peut-on admettre que le législateur ait
fait de la situation difficile qu'il accepte par honneur
et par dignité une cause d'exclusion contre lui pour
le jour où elle sera devenue intolérable.

CHAPITRE DEUXIÈME.

De la nullité résultant du défaut de consentement des parents.

Nous établirons dans ce chapitre :

I. — Quels sont les cas de nullité pour défaut de consentement des parents.

II. — Quelles sont les personnes qui peuvent invoquer la nullité.

III. — Quelles sont les fins de non-recevoir qu'on peut opposer à l'action.

SECTION I.

Quels sont les cas de nullité pour défaut de consentement des parents.

Nous ne nous arrêterons pas à justifier par des considérations générales la nécessité du consentement des parents. C'est une tâche tout-à-fait superflue. Bornons-nous à dire que cette règle a été établie tant dans l'intérêt de l'enfant que dans celui de la famille, et arrivons de suite à son application. A cet égard, nous distinguerons deux hypothèses : celle ou il s'agit des enfants légitimes, et celle où il s'agit des enfants naturels.

1. — *Cas de nullité s'appliquant aux enfants légitimes.*

Aux termes de l'article 148, les hommes avant 25 ans et les femmes avant 21 ans accomplis ne peuvent contracter mariage sans le consentement de leur père et mère; en cas de dissentiment le consentement du père suffit. — Le consentement de la mère serait au contraire nécessaire dans le cas où le père serait décédé, ou dans l'impossibilité de manifester sa volonté. (Art. 140.) — A la mort du père et de la mère les aïeuls et aïeules les remplacent, sans qu'il y ait à distinguer entre les ascendants de la ligne paternelle et ceux de la ligne maternelle. Ici encore le grand père et la grand mère dans chacun des deux lignes doivent être consultés; mais le consentement du grand père suffit; le dissentiment entre les deux lignes emporte aussi consentement.

Il est bien entendu, d'ailleurs, que la loi en employant le mot aïeuls, aïeules, a entendu se référer aussi bien aux ascendants du troisième degré qu'à ceux du deuxième, aux bisaïeuls qu'aux aïeuls. Dans le langage du code le mot aïeul est le plus souvent employé pour exprimer ascendants. C'est ce qui résulte des articles 173 et 174.

Dans le cas où les ascendants n'assistent pas à la célébration, le consentement doit être donné par acte notarié. Cet acte doit désigner non-seulement l'enfant qu'il concerne, mais encore la personne qu'il doit épouser. Aucun texte législatif n'exige expressément cette désignation, mais elle se déduit facilement de l'esprit général de la loi. Il ne suffit pas, d'ailleurs, que le consentement ait été donné quelque temps avant le mariage, il faut qu'il per·siste jusqu'au moment de la célébration. Au reste, il sera toujours présumé avoir persisté, tant qu'il n'aura pas été formellement rétracté.

La différence que nous avons signalé précédemment entre les fils et les filles, quant à la majorité relative au mariage, disparaît lorsqu'il n'existe plus aucun ascendant. Le consentement du conseil de famille n'est plus alors nécessaire, pour les uns comme pour les autres, que jusqu'à l'âge de 21 ans.

Ici se présente une difficulté. Aux termes de l'article 883 du code de procédure, toutes les fois que les délibérations du conseil de famille ne sont pas unanimes, la minorité pourra se pourvoir devant les tribunaux. L'article 160 ne fait pas mention de ce recours dans l'espèce. Faut-il dire qu'il y a ici une exception à la règle? Telle est notre opinion. Le refus du consentement au mariage peut être motivé par des circonstances trop délicates pour qu'elles soient de nature à être divulguées, et ces circonstances seront mieux appréciées par la famille que par un tribunal.

II. — *Cas de nullité s'appliquant aux enfants naturels.*

La plus grande partie des règles que nous venons d'exposer s'appliquent aux enfants naturels reconnus, avec cette différence cependant, que comme ils n'ont aucun lien de parenté civile avec la famille du père ou de la mère qui les a reconnus, ils n'ont pas à obtenir le consentement des ascendants survivants de ceux-ci; l'enfant naturel reconnu, mineur de vingt et un ans, dont le père et la mère sont morts, ou dans l'impossibilité de manifester leur volonté, doit obtenir le consentement d'un tuteur *ad hoc*, nommé par un conseil composé d'amis.

L'enfant naturel non reconnu devra également être pourvu d'un tuteur *ad hoc* s'il est mineur de vingt et un ans. Ce tuteur aura seul qualité pour consentir au mariage.

SECTION II.

Quelles sont les personnes qui peuvent invoquer la nullité.

Aux termes de l'article 182, la nullité qui résulte du défaut de consentement des parents ne peut être invoquée que par deux classes de personnes, savoir: 1ª Par ceux dont le consentement était requis; 2ª par celui des deux époux qui avait besoin du consentement.

I. — *Personnes dont le consentement était requis.*

Parmi les personnes dont le consentement pouvait être requis, nous trouvons : le père, la mère, les ascendants, le conseil de famille.

Le père ou la mère peuvent attaquer le mariage contracté contrairement à leur volonté à la double condition : 1° qu'ils aient eu l'exercice de la puissance paternelle lors de la célébration du mariage ; 2° qu'ils l'aient encore au moment où ils veulent agir. Ainsi, pour que la mère puisse demander la nullité il faut : 1° que le père soit dans l'impossibilité d'agir parce qu'il est décédé ou qu'il a perdu la puissance paternelle ; 2° qu'il ait été à l'époque du mariage dans la même impossibilité. — Le père est-il, au contraire, capable à ce moment là de manifester sa volonté, l'action de la mère n'est pas recevable.

Les mêmes principes doivent être appliqués aux aïeuls et aïeules.

L'aïeule ne peut intenter l'action en nullité du vivant de l'aïeul, ou tant que celui-ci est capable d'agir et reste inactif ; ni une ligne attaquer le mariage, si l'autre ligne a consenti ou ratifié. Bien plus, suivant un certain nombre d'auteurs, il faut admettre que la ratification d'une ligne survenue au cours de l'instance, suffit pour faire tomber l'action en nullité. On objecte, il est vrai, que pour statuer le juge doit toujours se reporter au jour de la demande. Mais cette règle du droit romain n'a pas été reproduite dans notre législation. Elle paraît d'autant mieux devoir être écartée dans l'espèce qu'elle est directement opposée à l'esprit de la loi, qui est de favoriser le plus possible la réhabilitation des mariages.

Si le consentement requis était celui du conseil de famille, ce conseil aura le droit de provoquer l'annulation. Mais ici se présente une question vivement débattue. Nous avons vu que les enfants naturels qui n'ont pas été reconnus, ou dont les père et mère sont décédés doivent obtenir l'approbation de leur mariage d'un tuteur spécial. S'ils ont violé cette règle ce tuteur peut-il demander la nullité du mariage ? Nous ne le pensons pas : il n'est pas nommé dans l'article 182 parmi les personnes auxquelles ce droit est conféré. Puis, s'il n'avait pas été désigné avant la célébration, où trouverait-on le pouvoir de le nommer spécialement pour attaquer l'union. La loi n'avait point du reste à sauvegarder ici les mêmes intérêts qui, lorsqu'il s'agit du mariage d'enfants légitimes, le respect de la volonté des aïeux, l'honneur de la famille. L'avenir de l'enfant est seul engagé dans l'union qu'il a contracté : la loi le protège assez en faisant du défaut de consentement du tuteur spécial un empêchement prohibitif.

II. — *Epoux qui avaient besoin du consentement.*

Nous devons également distinguer, à cet égard, s'il s'agit d'enfants légitimes ou d'enfants naturels.

Les enfants légitimes qui ont contracté mariage sans le consentement de leur père et mère, de leurs ascendants, ou de leur conseil de famille, lorsque ce consentement était nécessaire, peuvent toujours se prévaloir de la nullité.

Il n'en est pas de même pour les enfants naturels. Les termes de l'article 182 ne leur accordent pas la faculté de se prévaloir du défaut de consentement des tuteurs ou curateurs. Or cet article n'a pas été rédigé ainsi par une inadvertance du législateur, car le tribunat voulait qu'à la suite de ces mots : « des ascendants ou du conseil de famille » on ajouta du tuteur ou du curateur.

SECTION III.

Quelles sont les fins de non-recevoir qu'on peut opposer à l'action ?

Parmi les fins de non-recevoir qu'on peut opposer à l'action, nous distinguons : 1° Celles qui sont opposables aux personnes dont le consentement était requis; 2° celles qui sont opposables aux époux eux mêmes.

1 ž. *Fins de non-recevoir opposables aux personnes dont le consentement était requis.*

Les personnes dont le consentement au mariage était requis et n'a pas été demandé perdent le droit d'agir, soit en donnant une ratification expresse, soit en donnant une ratification tacite, soit par le délai d'un an, écoulé depuis qu'ils ont eu connaissance du mariage.

La ratification expresse n'est soumise ici à aucune forme particulière. Les formalités dont parle l'article 1338 ne sont indispensables qu'en matière d'obligations. Dans l'espèce l'article 183 déroge à la règle en n'exigeant pour cette ratification aucune formalité.

Quant à la ratification tacite, c'est aux juges saisis qu'il appartient de décider dans chaque affaire si elle existe réellement, d'apprécier la conduite dé l'ascendant, ses procédés à l'égard des conjoints ; de chercher, en un mot, dans toutes les circonstances de la cause des motifs suffisants pour baser sa décision. Il est du reste impossible en pareille matière de poser des règles fixes : c'est avant tout une question de fait, soumise à la souveraine appréciation des tribunaux.

Le silence des parents pendant une année, après qu'ils ont eu connaissance du mariage de leur enfant, équivaut également à une sorte de ratification tacite. C'est aux juges qu'il appartient encore do décider en fait à quelle époque a cessé l'ignorance des ascendants et du conseil.

Mais supposons que le pupille arrive à sa majorité ou qu'il meure. Les ascendants et le conjoint ne sont-ils pas privés par la force des choses de l'action dont ils étaient investis. Une solution identique pour les deux hypothèses que cette question renferme nous semble impossible. La mort ou l'arrivée à la majorité du mineur fait disparaître toute la puissance du conseil, car il disparaît lui-même. Il est dissous par la loi, du jour où s'accomplit l'un de ces deux faits. Au contraire, la majorité du conjoint ne peut enlever à ses ascendants la qualité qu'ils tiennent de la nature. Sa mort même laisse subsister à leur égard un intérêt considérable; intérêt d'honneur d'abord, car la honte de son alliance rejaillit sur leur nom; intérêt pécuniaire ensuite, car le mariage contracté malgré eux peut leur créer de nouvelles charges; enfin, la situation de l'ascendant à l'égard du conjoint décédé garantit la discrétion de ces attaques; il est évident qu'un ascendant n'ira pas sans de graves motifs mêler la mémoire de son fils mort à de honteux débuts, alors qu'il est à craindre, au contraire, que des membres du conseil de famille ne se laissent amener à attaquer au mariage sans autre motif que leur cupidité.

II. — *Fins de non-recevoir opposables aux époux.*

Les fins de non-recevoir opposables aux époux sont : 1° la ratification expresse ou tacite des ascendants, ou du conseil de famille ; 2° la ratification émanée de l'époux lui-même.

La ratification des ascendants rend l'époux non recevable à attaquer le mariage. Il serait étrange, en effet, que l'enfant pût continuer à se prévaloir de la faute qu'il a commise, alors que ceux dont l'autorité a été méconnue jugent à propos de la pardonner.

De même que les ascendants et le conseil de famille l'époux peut renoncer à l'action en nullité que la loi lui accorde. Mais le droit de ratifier le mariage ne lui appartient qu'à partir du jour où il pourrait par lui-même y consentir, c'est-à-dire après vingt ans pour les filles dans tous les cas, et pour les hommes vingt-un ans ou vingt-cinq ans, selon qu'il leur reste ou non des ascendants.

Quelques auteurs décident cependant que la règle de l'article 148 n'est pas ici applicable et que l'époux lui-même peut ratifier le mariage dès qu'il a atteint l'âge de vingt et un ans. (Delvincourt, Toullier, Duvergier.) Mais cette opinion est en opposition trop directe avec le texte des articles 182 et 183 pour qu'il soit permis de l'adopter. Pour ne citer que le dernier, cet article déclare que la fin de

7

non-recevoir est opposable à celui des deux époux qui a laissé écouler une année sans réclamer depuis qu'il a atteint *l'âge compétent* pour consentir *par lui-même* au mariage, c'est-à-dire pour y consentir seul et sans l'assistance d'aucun ascendant, ce qui n'a lieu pour l'époux que lorsqu'il est âgé de plus de vingt-cinq ans.

Toutefois, si l'ascendant dont le consentement était requis au moment de la célébration venait à décéder, et s'il ne restait plus aucun autre ascendant, l'époux pourrait alors ratifier expressément son mariage, dès qu'il aurait atteint l'âge de vingt et un ans accomplis.

La ratification tacite de l'époux qui avait besoin du consentement ne peut résulter que du silence qu'il a gardé pendant un an, à partir de l'époque où il a atteint l'âge compétent. La cohabitation fût-elle établie ne suffirait pas pour effacer le vice constitutif du mariage, dès lors qu'elle ne viendrait pas se joindre au silence de l'époux pendant un an. En effet, la loi a déterminé les hypothèses dans lesquelles la cohabitation équivaut à une ratification tacite et comme elle n'en a pas parlé ici, on ne peut appliquer des règles qui concernent spécialement d'autres nullités.

Terminons par une observation importante. Il résulte du texte de l'article 183 que la ratification des ascendants rend l'époux non recevable à attaquer le mariage, tandis que la ratification de l'époux ne nuit pas à l'action des ascendants.

CHAPITRE TROISIÈME.

De la nullité résultant du défaut de puberté.

Nous venons d'examiner les deux causes qui rendent le mariage seulement annulable. Nous arrivons maintenant à l'étude de celles qui le rendent absolument nul.

Ainsi que nous l'avons dit, les textes n'établissent pas une distinction abstraite entre les nullités absolues et les nullités relatives, mais cette distinction n'en existe pas moins en fait. Les nullités qui découlent de l'intérêt privé, de l'intérêt des parties ou de la famille sont, en effet, susceptibles de s'effacer avec le temps, tandis que celles qui proviennent de la morale, de l'ordre public ou des lois naturelles, reçoivent de cette source une telle puissance qu'elles empêchent le mariage de se former et qu'elles ouvrent un recours perpétuel pour faire reconnaître son inexistence.

Les causes de nullité absolue sont : le défaut de puberté, l'existence d'un premier mariage, la parenté ou l'alliance, le défaut de publicité et l'incompétence de l'officier de l'état civil.

Examinons maintenant la première de ces nullités, le défaut de puberté :

A cet égard nous devons établir en suivant l'ordre que nous avons adopté :

I. — Quels sont les cas de nullité pour défaut de puberté.

II. — Quelles sont les personnes qui peuvent invoquer la nullité.

III. — Quelles sont les fins de non-recevoir qu'on peut opposer à l'action.

SECTION I.

Quels sont les cas de nullité pour défaut de puberté.

L'article 184 place la nullité qui provient du défaut de puberté parmi les causes de nullité absolue, et c'est avec raison, puisqu'elle ouvre un recours à tous les intéressés. Nous devons cependant faire observer dès maintenant que la nullité qui provient du défaut de puberté est moins rigoureuse que les autres nullités absolues et que par exception la loi a permis qu'elle pût être couverte, ainsi que nous le verrons plus loin.

Aussi tout en lui maintenant son caractère de nullité absolue on peut, à notre avis, décider qu'elle n'ôte pas tout effet à la célébration ; mais que cet effet n'est pas immédiatement produit, et qu'il ne pourra se produire qu'exceptionnellement, et si certaines hypothèses se réalisent.

Aux termes de l'article 144 « l'homme avant dix-huit ans révolus, la femme avant quinze ans révolus ne peuvent contracter mariage. » Il est inutile de faire ressortir la sagesse de cette disposition. Le mariage ayant pour objet principal la procréation il est clair qu'on ne pouvait le permettre qu'à un âge où les forces physiques seraient suffisamment développées ; puis, le mariage étant un contrat, il est tout aussi évident qu'il ne devait être contracté que lo.sque les parties seraient capables de donner un consentement réfléchi.

La vieillesse, la mort même qui approche, n'empêchent point le mariage. Cette règle était déjà admise dans l'ancien droit, car, ainsi que le fait remarquer Pothier, le commerce charnel n'est pas de l'essence du mariage.

SECTION II.

Quelles sont les personnes qui peuvent invoquer la nullité.

Les personnes qui peuvent attaquer le mariage contracté au mépris de ces règles sont : Les époux eux-mêmes, les père, mère ou ascendants, ou même la famille, tous ceux qui ont un intérêt pécuniaire né et actuel, et enfin le ministère public.

Toutefois, aux termes de l'article 186 : « le père, la mère, les ascendants et la famille qui ont consenti au mariage contracté par un impubère, ne sont pas recevables à en demander la nullité. Notons qu'il s'agit ici du consentement que la loi exige et non point d'approbations quelconques. C'est ce que prouve ce passage de Portalis parlant des personnes qui ont consenti : « Il ne faut point qu'elles puissent se jouer de la foi du mariage après s'être jouées des lois. (Locré, tome IV, page 513.) Nous pouvons encore conclure de ces mots que le consentement doit avoir été donné avec la connaissance de l'impuberté légale de l'époux.

Mais, dira-t-on, les ascendants qui n'ont pas donné leur consentement au mariage peuvent en demander la nullité. A quoi bon leur permettre d'intenter une autre action fondée sur l'impuberté de l'enfant ? — Cette objection est facile a résoudre. En effet l'action en nullité pour cause d'impuberté pourra servir : 1° toutes les fois que l'action pour défaut de consentement sera prescrite ; 2° toutes les fois que les ascendants qui ont consenti au mariage sont décédés et que l'exercice de la puissance paternelle aura passé dans d'autres mains, et 3° toutes les fois enfin que l'ascendant ou le conseil de famille qui ont donné leur consentement au mariage auront été trompé sur l'âge véritable de l'enfant.

On s'est demandé si l'époux pubère pouvait invoquer la nullité d'un mariage contracté avec un impubère. Nous tenons pour l'affirmative. On pourrait, il est vrai, à la rigueur déduire de la fin de non recevoir opposée à l'action des ascendants qui ont consenti au mariage, une fin de non recevoir analogue, car lui aussi a consenti. Mais le texte absolu de l'article 184, s'oppose à toute interprétation restrictive. L'action doit être accordée aux deux époux.

Quelles sont les fins de non-recevoir qu'on peut opposer à l'action.

Aux termes de l'article 185 : « le mariage contracté par des époux qui n'avaient pas encore l'âge requis, ou dont l'un d'eux n'avait pas cet âge ne peut plus être attaqué : 1° Lorsqu'il s'est écoulé six mois depuis que cet époux ou les époux ont atteint l'âge compétent ; 2° Lorsque la femme qui n'avait pas cet âge a conçu avant l'échéance de six mois. » Ainsi les deux fins de non recevoir qu'on peut opposer a l'action sont :

1° Le délai de six mois écoulé depuis la puberté.

2° La conception de la femme avant l'échéance des six mois.

I. — *Délai de six mois depuis la puberté.*

Une assez grave question se présente sur ce point. La nullité est-elle couverte, lorsque, avant l'expiration de ce délai, l'un des époux ou les deux époux ont ratifié, tacitement où expressément le mariage ? Nous ne le pensons pas, car l'article 185 est formel ; il fait de la condition des six mois une condition absolue. Avant l'expiration de ce délai le droit de chacun des deux époux subsiste tout entier, quels que soient les engagements qui peuvent être pris par eux, à plus forte raison ces engagements ne pourraient-ils paralyser les droits des tiers à qui l'action est ouverte.

II. — *Conception de la femme avant l'échéance des six mois.*

La seconde condition en vertu de laquelle le mariage acquiert une validité complète, c'est la grossesse de la femme. La présomption de la loi est démentie ; la femme était pubère et pouvait se marier. Il est bien évident du reste que cette conception prouve seulement la puberté de la femme et que l'on ne saurait déduire aucune raison de maintenir le mariage d'un homme qui n'aurait point l'âge exigé et qui peut-être serait complètement étranger à l'événement dont il s'agit.

Signalons la mauvaise rédaction de l'article 185. On pourrait croire, à la lecture de ce texte, qu'il s'agit d'une conception dans les six mois après le mariage, tandis que les rédacteurs, ont voulu parler d'une grossesse survenue avant que les six mois nécessaires à la ratification tacite du mariage soient écoulés.

Une question plus difficile à résoudre est celle de savoir si la femme qui a conçu depuis que l'action est intentée pourra invoquer l'article 185. Si l'on suivait ici les principes du droit commun, il faudrait répondre que les juges n'ont pas à se préoccuper des événements postérieurs à la demande. Mais il apparaît, par les travaux préparatoires, que cette opinion, formellement exprimée dans un article du projet, a été repoussée. (Locré. tom IV. page 354).

La loi n'a pas indiqué par quels moyens on pourra s'assurer de la grossesse de la femme. Son silence autorise à penser qu'elle a entendu réserver cette question à l'appréciation des juges, qui pourront prendre toutes les mesures commandées par les circonstances.

CHAPITRE QUATRIÈME.

De la nullité résultant de l'existence d'un premier mariage.

Nous arrivons ici à la deuxième nullité absolue. Conformément à l'ordre que nous avons suivi nous examinerons :

Iᵒ Quels sont les cas de nullité pour cause de bigamie.

II. Quelles sont les personnes qui peuvent invoquer la nullité.

III. Quelles sont les fins de non-recevoir qu'on peut opposer à l'action.

SECTION I.

Quels sont les cas de nullité pour cause de bigamie.

Aux termes de l'article 147 « on ne peut contracter un second mariage avant la dissolution du premier. »

Cette règle est admise aujourd'hui chez tous les peuples civilisés, excepté en Turquie. Notre législation l'impose à tous les français sans distinction de cultes. Une seule exception a été admise en faveur des Arabes soumis à notre domination.

La conséquence de ce fait qu'on ne peut contracter un second mariage avant la dissolution du premier, c'est que la validité du second mariage est subordonné à la formation du premier. Le second sera valable si le premier est annulé, car alors il n'y aura pas eu véritablement de premier mariage.

SECTION II.

Quelles sont les personnes qui peuvent invoquer la nullité.

Il y a deux causes qui attribuent à une personne le droit d'attaquer un mariage devant les tribunaux : l'intérêt moral et l'intérêt pécuniaire.

L'intérêt moral est d'abord celui de la société

toute entière. Elle a été lésée dans l'une des institutions qui sont sa force. Aussi peut-elle demander justice de l'offense qui lui a été faite. Mais nos lois ne reconnaissent plus ce droit que tous avaient autrefois de saisir la justice d'un fait qui touche aux bases de l'ordre social. La société est représentée chez nous par le ministère public.

L'intérêt moral est encore celui de la famille des prétendus conjoints, de leurs ascendants, gardiens naturels de l'honneur de la maison, de leurs parents aussi, mais dans une moindre limite. C'est l'intérêt des époux eux-mêmes qui ont pu être trompés et qui veulent rompre des relations condamnées par la morale et réprouvées par leur conscience, des époux qui ont été coupables si l'on veut, vaincus par une folle passion, mais qui se repentent maintenant et rejettent loin d'eux ce voile de légalité qui couvrait un adultère. Voilà l'intérêt moral, voilà les personnes que le législateur, au nom de cet intérêt, arme du droit d'attaquer un mariage devant les tribunaux.

A côté de l'intérêt moral se trouve aussi l'intérêt pécuniaire.

Ce dernier ne doit pas être amoindri par cette pensée qu'il y a quelque immoralité à faire prononcer la nullité d'un mariage pour une question d'argent. L'immoralité est dans le mariage lui-même et non dans le scandale qui résulte de sa divulgation.

Examinons maintenant dans quelle mesure chacune de ces personnes peut agir.

Les articles 184 et 191 décident formellement que chacun des deux époux peut faire prononcer la nullité du mariage. En vain nous objecterait-on que celui des époux qui est coupable doit être repoussé en vertu de la maxime *Nemo auditur allegans suam turpitudinem.* Cette maxime ne peut être invoquée que lorsqu'il s'agit d'un intérêt privé.

Nous avons dit pourquoi les ascendants avaient eux aussi le droit de dénoncer les nullités du mariage. Ce droit leur appartient à tous concurremment, à notre avis, car tous ont un intérêt moral à ne pas laisser leurs enfants violer la loi d'une manière aussi grave.

En vain quelques auteurs, notamment Toullier (tome I, n° 633), Duranton (tome II, n° 317), et M. Demolombe (tome III, n° 303), ont-ils voulu établir une corrélation entre le droit de demander la nullité et le droit de consentir au mariage ; ce n'est là qu'un rapport imaginaire qui ne résulte d'aucun texte. Dans notre hypothèse, le demandeur n'agit pas comme représentant de la puissance paternelle, il agit comme ascendant, en vertu d'un droit qui lui est propre. C'est là l'opinion de la majorité des auteurs : Merlin (répertoire, section VI, § 2), Proudon et Valette (tome I, page 431), Vazeille (tome I, page 218), Zachariæ (tome IV, § 461, note 19), et enfin Marcadé.

Une seconde question est celle de savoir si les ascendants ont dans tous les cas et d'une façon absolue le droit de demander la nullité du mariage, ou s'il ne faut le leur reconnaître que lorsqu'ils sont appelés à la succession de leurs enfants. Le droit d'intenter l'action, fait-on observer, a sa base dans l'article 18i, complété par l'article 187, qui exige formellement que l'action soit fondée sur un intérêt né et actuel. Or cet intérêt né et actuel n'existe pour les ascendants que lorsque dans une succession ils sont en concours avec de prétendus enfants légitimes. — Ainsi qu'un grand nombre d'auteurs, nous pensons, au contraire, que le droit des ascendants est absolu et sans limites parce qu'ils ont à chaque moment un intérêt moral considérable à faire rompre le mariage. D'ailleurs, lorsque l'article 183 exige un intérêt né et actuel il ne parle que des collatéraux et des enfants du premier lit, dont les droits sont moins étendus que ceux des ascendants.

La loi n'attribue pas d'une façon directe au conseil de famille la faculté de proposer les nullités. On peut, néanmoins, la déduire de l'article 186, aux termes duquel il peut faire prononcer la nullité du mariage dans une hypothèse bien moins grave, dans celle du défaut de puberté. (Demolombe, n° 304.)

Aux termes de l'article 188, l'époux au préjudice duquel a été contracté une seconde union peut également l'attaquer.

Les articles 184 et 191 donnent ce droit d'une manière générale à tous ceux qui y ont intérêt. Il s'agit ici d'un intérêt pécuniaire. Aussi faut-il qu'il soit né et actuel, c'est-à-dire que ce ne soit pas seulement la probabilité d'un intérêt futur, éventuel. Le plus souvent cet intérêt n'existera pour les collatéraux et les enfants d'un premier lit qu'à la mort du conjoint. C'est ce qui explique ces mots de l'article 187 : « du vivant des deux époux. » Cependant le contraire peut arriver, et si par hasard cet intérêt existait du vivant des deux époux, nul doute qu'ils ne puissent proposer la nullité du mariage.

Enfin, aux termes de l'article 190 « le procureur impérial dans les cas où s'applique l'article 184 peut et doit demander la nullité du mariage, du vivant des deux époux, et les faire condamner à se séparer. » — Ainsi, d'après cet article, le ministère public ne peut agir que durant la vie des époux. Après leur mort le scandale qu'on voulait prévenir a, en effet, disparu, et la répression perdrait ses avantages.

Reste à savoir si le ministère public est dans l'espèce obligé de provoquer la nullité du mariage, ou s'il en a seulement la faculté.

Suivant une première opinion il y a ici une obligation pour le procureur impérial, car l'article 190 porte qu'il *doit* demander la nullité du mariage. Les expressions de l'article 191 corroborent cette opinion. Il est dit, en effet, dans ce dernier article, que le ministère public *peut* seulement demander la nullité, ce qui fait ressortir avec la plus grande évidence la différence complète des deux situations. (MM. Toullier, Vazeille.)

Suivant l'interprétation proposée par MM. Aubry

et Rau, adoptée par M. Demolombe, le ministère public a simplement la faculté de demander la nullité, mais il doit exercer cette faculté du vivant des deux époux ; c'est là le sens des mots *peut* et *doit*. Ainsi le mot *peut* détermine la faculté qui appartient au ministère public ; le mot *doit* limite le temps pendant lequel cette faculté peut être exercée. Il ne fallait pas, en effet, forcer le ministère public à agir sans possibilité d'appréciation, sans prudence, contre tous les mariages nuls.

Les règles que nous venons d'énoncer relativement au droit d'agir s'appliquent en général, à toutes les nullités absolues. Nous aurons seulement à faire observer quelques différences, pour le droit d'agir qui se rapporte à la nullité résultant du défaut de publicité.

SECTION III.

*Quelles sont les fins de non-recevoir qu'on
peut opposer à l'action.*

En principe, toutes les nullités absolues sont perpétuelles et imprescriptibles. Toutefois, si la nullité elle-même dure toujours il peut arriver qu'elle ne puisse plus être proposée par certaines personnes. C'est ce qui arrivera si les collatéraux ou les enfants du premier lit renoncent aux droits qu'ils tiennent des articles 184 et 187.

Quant à la question de savoir si les nullités résul-

tant de la parenté ou de l'alliance peuvent être
-couvertes par des dispenses accordées depuis la
célébration du mariage, nous répondrons négative-
ment avec presque tous les auteurs. En effet, l'article 331 décide en termes formels que les enfants
incestueux ne peuvent pas être légitimés par le
mariage subséquent de leur père et mère. Or, cet
article ne peut évidemment s'appliquer qu'en vue
des cas ou un tel mariage serait devenu possible
par l'obtention des dispenses nécessaires. Notons
cependant qu'à cet égard la jurisprudence de ces
derniers temps, s'est montrée favorable. Mais elle
nous paraît en cela s'écarter du texte et de l'esprit
de la loi ; et pour le dire en passant, les tendances
qu'ont un certain nombre de tribunaux et de jurisconsultes à faire valoir des raisons d'équité et de
convenance lorsque les textes ne présentent pas de
difficultés sérieuses d'interprétation nous paraît
infiniment regrettable et propre a égarer les esprits
plutôt qu'à les éclairer.

CHAPITRE CINQUIÈME.

De la nullité résultant de la parenté et de l'alliance.

Tout ce que nous venons de dire dans le chapitre précédent relativement aux personnes à qui appartient le droit d'action ainsi qu'aux fins de non-recevoir trouve ici son application.

Par conséquent nous nous bornerons à examiner quels sont les cas de nullité qui proviennent de la parenté et de l'alliance.

La parenté produit différents empêchements au mariage ; les uns dans la ligne directe, les autres dans la ligne collatérale.

Le mariage est interdit d'une façon absolue en ligne directe, à l'infini, entre tous les ascendants légitimes et naturels, et leurs descendants, ainsi qu'entre leurs alliés.

En ligne collatérale, le mariage est prohibé d'abord entre le frère et la sœur légitimes et naturels et les alliés au même degré.

Toutefois, cette prohibition n'est pas absolue ; à à l'égard des alliés la loi permet au chef de l'état d'accorder des dispenses pour des causes graves.

Il est encore défendu entre l'oncle et la nièce, la tante et le neveu. Le Code n'a pas étendu expressément cette prohibition au grand oncle et à la grande tante, mais on ne peut douter qu'elle n'existe. En effet, elle existait dans le droit romain et dans notre législation coutumière où les grands oncles et grandes tantes étaient considérés comme les oncles et tantes *loco parentum*. De plus, et c'est là un argument sans réplique, le mot *oncle* dont se sert l'article 163, est une expression générique qui comprend aussi bien le grand oncle que l'oncle proprement dit.

La parenté naturelle établit également des empêchements au mariage, dans la ligne directe à l'infini; et dans la ligne collatérale entre frères et sœurs.

Enfin, l'adoption établit elle-même des empêchements, mais ce ne sont, à notre avis, que des empêchements prohibitifs.

CHAPITRE SIXIÈME.

De la nullité résultant du défaut de publicité et de l'incompétence de l'officier de l'état-civil.

Nous examinerons :

I. — Quels sont les cas de nullités.

II. — Quelles sont les personnes qui peuvent invoquer la nullité.

III. — Quelles sont les fins de non-recevoir qu'on peut opposer à l'action.

Quels sont les cas de nullité.

Aux termes de l'article 191, le mariage qui n'a pas été contracté publiquement peut être attaqué. Cette règle garantit l'accomplissement de toutes les autres formalités exigées.

La publicité du mariage est un fait complexe qui se compose de plusieurs autres faits accessoires. Ces faits accessoires sont : les publications, la célébration à la maison commune, la présence de quatre témoins mâles et majeurs, et l'admission du public à la cérémonie. Aucune de ces formalités par cela seul qu'elle n'aura pas été observée ne viciera forcément le mariage. L'article 193 porte, en effet, que les contraventions aux règles qui déterminent la publicité entraîneront certaines pénalités, lors même, ajoute-t-il, que ces contraventions ne seraient pas jugées suffisantes *pour faire prononcer la nullité du mariage*. Ainsi, les tribunaux auxquels la question de nullité sera posée auront à se demander, si l'absence de telle ou telle formalité a privé le mariage d'une publicité sérieuse et ils pourront, suivant le résultat de leur examen, le déclarer nul pour l'inobservation d'une seule de ces formalités constitutives de la publicité, ou le reconnaître comme valable, quoique plusieurs aient été négligées.

Faut-il appliquer les mêmes règles à la compétence de l'officier de l'état civil? C'est ce que nous allons examiner.

Remarquons d'abord qu'il ne s'agit ici que de l'incompétence *ratione personæ* et non pas de cette incompétence *ratione materiæ* que constitue le défaut d'intervention d'un officier de l'état civil et empêche le mariage de se former.

Si le mariage a été contracté devant un officier de l'état civil autre que celui qui était compétent, ce mariage est-il forcément et toujours nul? voilà le point important que nous avons à discuter.

On a prétendu que le mariage était nécessairement nul par suite de l'incompétence de l'officier public, et que les tribunaux n'avaient point ici le pouvoir d'appréciation que la loi leur confère dans la question de publicité. La publicité, a-t-on dit, se compose de plusieurs éléments, dont les uns peuvent manquer sans que l'union soit cependant restée clandestine; la compétence au contraire, est un fait unique, indivisible, qui ne donne pas carrière à une possibilité d'appréciation. Où l'officier de l'état civil était compétent, ou il ne l'était pas; telle est la seule question que les tribunaux aient à examiner.

Voilà le point que nous contestons. Sans doute, les tribunaux auront, avant tout, à se prononcer sur la question de compétence, mais ils devront ensuite apprécier si l'incompétence a eu sur le mariage de telles conséquences qu'elle a dû l'empêcher de se former. Ce pouvoir d'appréciation résulte d'abord de

l'article 191, qui n'établit aucune différence entre
les nullités de mariage pour défaut de publicité et
pour incompétence; il résulte également de l'article
193, qui punit les contraventions aux règles prescrites par l'article 165, lors même que ces contraventions ne seraient pas jugées suffisantes pour faire
prononcer la nullité du mariage. Or, ces règles de
l'article 165, sont précisément la publicité du mariage, et la compétence de l'officier public.

SECTION II.

Quelles sont les personnes qui peuvent invoquer la nullité.

En vertu du principe posé par l'article 184, la
nullité résultant du défaut de publicité peut, comme
les autres nullités absolues, être invoquée par toutes
les personnes intéressées.

Les développements que nous avons donné à cet
égard dans le cinquième chapitre, nous dispensent
d'entrer ici dans aucun détail. Nous nous bornerons
à placer ici quelques observations, relativement au
droit d'agir qui appartient au ministère public.
L'article 191 n'impose pas, en effet, au ministère
public l'obligation de demander la nullité du mariage pour défaut de publicité. Il se contente de lui
en accorder la faculté, au contraire de ce qui a lieu
en matière de bigamie et d'inceste où les termes de

la loi peuvent être interprétés dans un sens obliga-
toire. Il est inutile de justifier cette différence entre
les deux nullités ; elle s'aperçoit du premier coup.

SECTION III.

Quelles sont les fins de non-recevoir qu'on peut opposer à l'action.

A cet égard, nous devons également renvoyer aux
explications précédemment données. Toutefois, il se
présente ici une fin de non-recevoir tout-à-fait spéciale. Aux termes de l'article 196 : « lorsqu'il y a
possession d'état et que l'acte de célébration devant
l'officier de l'état civil est représenté, les époux sont
respectivement non recevables à demander la nullité de cet acte. »

Cette fin de non-recevoir est spéciale aux époux,
et ce n'est qu'à leur égard que la possession d'état
suffit pour couvrir les vices de l'acte de célébration.
Mais à quelles nullités s'applique-t-elle ?

On a soutenu que la possession d'état ne couvrait
que les irrégularités de l'acte destiné à prouver la
célébration. Cette interprétation paraît d'autant plus
plausible que l'article 196 est placé au milieu de
ceux qui s'occupent de la preuve du mariage et non
pas parmi ceux qui traitent des nullités ; et que son
texte indique bien qu'il s'agit de la représentation
d'un écrit.

Toutefois, cette opinion est critiquée par un grand nombre d'auteurs. (MM. Valette, Aubry et Raux. — Demolombe, Marcadé.)

Le mot acte, disent-ils, s'applique aussi souvent au fait qu'à l'écrit qui le constate. Ici il s'agit bien du fait et non pas de l'écrit, puisqu'aucune des formalités prescrites pour les actes de l'état civil ne l'est à peine de nullité. L'acte de célébration, dont parle l'article 196, c'est donc la célébration elle-même du mariage. Or, cette célébration se compose d'éléments divers; c'est un acte complexe dont font partie les conditions de publicité exigées par la loi. La possession d'état couvre les nullités résultant du vice de publicité, c'est-à-dire de l'absence d'un ou de plusieurs des éléments qui la composent.

CHAPITRE SEPTIÈME.

Questions controversées.

Telles sont les nullités que la loi organise et reconnaît. Il nous reste à discuter certaines questions
controversées.

Nous examinerons :

I. — Les nullités sanctionnées par l'ancien droit.

II. — L'engagement dans les ordres.

III. — Les mariages contractés à l'étranger sans
publications en France.

IV. — Le mariage de l'interdit judiciaire.

SECTION I.

1. — *Nullités sanctionnées par l'ancien droit.*

On sait que l'ancien droit admettait en outre des
nullités dont nous venons de parler d'autres nullités
également absolues, et qui naissaient, de l'alliance
spirituelle, de l'honnêteté publique, du rapt, de la
séduction, de l'adultère, du meurtre, de la différence de couleur, de la diversité de religion, de l'engagement dans les ordres. Les huit premiers empêchements n'existent plus aujourd'hui, cela n'est pas
contesté. En effet, toutes les anciennes lois, excepté
dans les matières non réglées par la législation actuelle ont été abrogées par le Code Napoléon. De
plus, ces prohibitions sont en désaccord, soit avec
les mœurs, soit avec les idées qui règnent de nos
jours. Mais il n'en est pas de même de l'empêche-

ment qui provient de l'engagement dans les ordres sacrés. A cet égard il existe une vive controverse.

SECTION II.

De l'engagement dans les ordres.

La question de savoir si l'engagement dans les ordres sacrés forme un empêchement au mariage a donné lieu à trois systèmes : nous allons les passer successivement en revue.

1er *Système*. — L'engagement dans les ordres sacrés est un empêchement dirimant :

1° Parce que, d'après les anciens canons reçus en France, l'engagement dans les ordres sacrés entraînait la nullité du mariage, et que le décret du 18 germinal an X a rendu ces canons civilement obligatoires, en déclarant que leur infraction était un cas d'abus.

2° Parce que l'Etat intervient dans l'ordination, et que son intervention est la sanction donnée par le pouvoir civil aux règles ecclésiastiques que le prêtre s'engage à respecter.

3° Parce que la loi du 18 août 1792 en ne prohibant que les vœux perpétuels des religieux, a reconnu implicitement par là l'existence légale des vœux des prêtres attachés aux paroisses.

4° Enfin, parce que la loi de 1792 en accordant au prêtre un salaire, en l'exemptant de certains services onéreux, en lui accordant certaines immunités, certains priviléges, en échange de l'engagement qu'il prend, a formé entre l'état et lui un contrat, qu'il ne peut être en son pouvoir de rompre à lui seul.

2e* *Système.* = L'engagement dans les ordres sacrés n'est plus comme autrefois un empêchement dirimant, mais il forme encore un empêchement prohibitif. (MM. Durantin, Zachariæ, Marcadé).

Il ne constitue pas un empêchement dirimant, car le droit intermédiaire a opéré la séparation entre l'église et l'état et proclamé le principe, que la loi ne considère le mariage que comme contrat civil. De plus, la nullité du mariage des prêtres n'a été prononcée par aucune loi.

Mais il constitue un empêchement prohibitif ;

1° Parce que l'engagement pris par le prêtre étant reconnu et approuvé par la loi, doit être respecté par elle ; dès lors, elle ne peut pas concourir par ses agents, par ses magistrats, à la violation de l'engagement qu'elle a consacré.

2° Parce que ce serait se rendre complice d'un scandale et porter atteinte à l'exercice public du culte que de permettre aux prêtres de contracter mariage.

3me *Système.* = L'engagement dans les ordres sacrés ne forme ni un empêchement dirimant, ni un empêchement prohibitif. (MM. Toullier, Merlin, Valette, Demolombe).

S'il était vrai que les canons de l'église eussent été remis en vigueur par la loi de germinal, il faudrait les prendre tous en entier, tels qu'ils existaient sous l'ancienne monarchie. Il faudrait admettre que les empêchement basés sur l'alliance spirituelle, sur la diversité de religion, sont encore en vigueur aujourd'hui ; car la loi de germinal n'a pas distingué.

Si l'état intervient, lors de l'ordination, ce n'est pas pour approuver, mais pour surveiller.

Si le prêtre reçoit un salaire, s'il est exempté de certaines charges, ce n'est pas en vertu d'un contrat. Le vœu fait par le prêtre ne constitue pas un engagement civil, mais un engagement spirituel. Cet engagement ne s'adresse pas à la société ; il reste dans le domaine de la conscience.

Au surplus, la loi de germinal eût-elle fait de l'engagement dans la prêtrise un empêchement au mariage, que cet empêchement n'existerait plus aujourd'hui. Le code est à la fois une loi postérieure et une loi complète sur le mariage. Or, aux termes de la loi du 30 ventôse, an xii, toutes coutumes, lois, ou règlements, ont cessé d'avoir force de loi générale ou particulière dans les matières qui sont l'objet des lois composant le code civil.

Quelle que soit la gravité de ces arguments, nous pensons néanmoins, que l'engagement dans les ordres forme un empêchement dirimant. Aux considérations présentées par les auteurs dn premier système que l'on nous permette d'ajouter les suivantes :

Le prêtre peut aliéner sa liberté, il peut faire l'abandon d'une faculté qui lui appartient en vertu des lois, tout aussi valablement que les époux qui se marient peuvent aliéner leur liberté, en s'unissant par un lien indissoluble. Or, le prêtre qui, volontairement, publiquement, après une longue épreuve, a aliéné sa liberté en renonçant au mariage, ne peut pas revenir sur sa détermination, parce qu'elle lui a procuré, non-seulement des immunités, non-seulement des exemptions de charge, mais une situation tout à fait exceptionnelle, que la loi ne devrait pas lui laisser si elle ne comptait pas sur l'observation de son serment. Le prêtre catholique peut, au gré de son caprice, se faire protestant, schismatique, tout ce qu'il voudra ; il ne peut valablement contracter mariage. En devenant prêtre il s'est trouvé frappé d'une impuissance morale, il s'est en quelque sorte dépouillé de tout sexe, et cela seul peut justifier, au point de vue des bonnes mœurs, les facilités qu'il trouve dans les lois et dans les usages pour l'accomplissement de son saint monastère.

Le prêtre a prêté un serment public ; il a pris un engagement solennel envers la société ; il l'a si bien pris envers elle, et non pas seulement envers lui-même, que cet engagement modifie son état social. Il ne peut se marier sans violer publiquement un serment public ; sans contracter un engagement social opposé à l'engagement social auquel il s'est lié. Pour l'y autoriser, il faudrait un texte clair, positif. En l'absence de ce texte, on ne peut s'écarter du droit naturel, qui est contraire à la violation du serment.

La liberté de conscience garantit, il est vrai, l'exercice de tous les cultes reconnus. Mais elle ne les garantit qu'en les prenant au sérieux. Elle garantit l'exercice des cultes et non le mépris de leurs règles. La liberté de conscience est un principe de protection, qu'on n'en fasse pas un principe de dérision ! Ne laissez pas au prêtre sa robe, qui est un symbole respectable, puisqu'elle le fait pénétrer partout, puisqu'elle lui permet de recevoir les confidences les plus secrètes des jeunes filles et des épouses et qu'elle l'autorise à enseigner aux peuples les plus hautes vérités ; ou, faites qu'il soit obligé de la respecter lui-même et qu'il ne puisse s'en faire une arme dangereuse pour la société. Protégez le prêtre dans l'exercice de son culte, mais ne le protégez pas lorsqu'il foule aux pieds son culte, et n'acceptez pas la complicité de tels abus de confiance sociale, si vous ne voulez pas livrer l'idée religieuse, idée nécessaire aux sociétés civiles, à la risée et au mépris des multitudes.

Que l'on veuille bien croire que nous ne cédons pas à des considérations religieuses qui ne seraient pas ici à leur place. Ce sont uniquement des considérations de moralité publique et d'intérêt social qui nous émeuvent. Nous éprouvons une invincible répugnance à admettre que la loi couvre d'une égale protection l'exercice du culte et sa profanation par ceux-là mêmes qui en sont les propagateurs; et puisqu'elle les protège lorsqu'ils l'exercent, nous serions profondément blessés si elle ne protégeait pas la masse des citoyens contre eux, lorsqu'ils en font un objet d'immorale spéculation. Pas de faux principes, mais surtout pas de fausses applications de principes !

On nous dit que le mariage est aujourd'hui un contrat purement civil ; mais qu'est-ce que cela prouve ? Cela prouve qu'il se forme devant les représentants de la loi au lieu de se former devant les représentants de l'église ; qu'il est régi par le droit civil au lieu d'être régi par le droit canonique. Mais cela ne prouve pas que le droit civil autorise expressément une union contraire aux bonnes mœurs et à l'ordre public. C'est cela qu'il faudrait prouver, au lieu de se contenter de dire que le mariage est un contrat purement civil.

On nous objecte encore que le mariage est de droit commun ; mais que nous fait cette objection. Oui, le mariage est de droit commun ; mais le prêtre n'est pas dans le droit commun, en ce qui concerne le mariage. Il n'y est pas, par le seul effet de sa volonté, et la loi le considère comme tout à fait impropre au mariage, par le seul fait qu'elle lui permet d'exercer librement un ministère aussi délicat que le sien.

Que sert encore de dire que la religion catholique n'est plus comme autrefois la religion de l'Etat. Elle est, et cela nous suffit, un culte reconnu, un culte réglementé et surveillé par la loi. Puisqu'elle est un culte réglementé, la loi ne peut rien y permettre qui soit contraire à l'ordre public et aux bonnes mœurs; puisqu'elle est un culte surveillé, la loi ne doit pas y couvrir de sa ratification les convoitises de quelques individus au préjudice de la majorité des catholiques. Que l'on ne dise pas enfin que la liberté est inaliénable et que la faculté de revenir sur les engagements est inviolable; car, en droit politique ce serait la condamnation du serment, ce serait la condamnation des plébiscites par lesquels les nations prétendent se lier comme les individus; et en droit civil ce serait l'anéantissement des contrats, ce serait principalement l'anéantissement du contrat de mariage. La parole donnée, le serment, la foi jurée, voilà le lien le plus naturel et le plus respectable de toutes les sociétés humaines; on ne peut le relâcher sans tout détruire.

SECTION III.

Des mariages contractés à l'étranger.

Le mariage contracté à l'étranger sera valable, dit l'article 190, pourvu qu'il ait été précédé des publications prescrites par l'article 63 et que le Français n'ait pas contrevenu aux dispositions contenues au chapitre I.

Nous avons dit précédamment que ce qui viciait le mariage contracté en France, c'était le défaut de publicité, et non pas seulement le défaut de publications, car le mariage pouvait par quelque autre moyen, avoir été publiquement contracté. Doit-on décider de même pour le mariage contracté à l'étranger?

Nous ne le pensons pas, et cela pour deux motifs.

D'abord, parce que l'article 170 est aussi clair, aussi formel que possible. Dire qu'un mariage sera valable si telle ou telle condition est remplie, c'est bien déclarer qu'il ne le sera pas, si les parties négligent les formalités imposées. Chercher une autre explication en présence d'un texte aussi affirmatif c'est en vérité torturer le langage et faire de l'interprétation des textes une étude aussi obscure que puérile.

De plus, l'article 191 décide que tout mariage qui n'a pas été contracté publiquement est entaché d'une nullité absolue. Dès lors, on conçoit très-bien que le législateur ait fait des publications une condition nécessaire à la validité des mariages contractés à l'étranger, puisque sans ces publications ils manqueraient complètement de publicité. Ainsi de même que la publicité, c'est-à-dire l'ensemble d'un certain nombre de faits destinés à faire connaître l'union matrimoniale, est nécessaire à la validité des mariages contractés en France ; de même les publications se confondant ici avec la publicité, sont nécessaires à la validité des mariages contractés à l'étranger. (M. Bugnet.)

Une seconde opinion, sanctionnée par la jurisprudence, veut que les juges aient la faculté d'appré-

cier les circonstances, et de décider, suivant qu'il y
aura eu bonne foi des contractants, ou, au contraire,
intention de frauder la loi française. (M. Valette.)
Mais cette distinction entre la bonne ou la mauvaise
foi des contractants nous ne la trouvons pas dans la
loi. Ou plutôt nous l'y trouvons exprimée d'une manière générale dans l'article 201. Mais elle n'a pas
les conséquences que l'on voudrait lui faire produire
ici. La bonne foi ne suffit pas à rendre valable le
mariage nul ; elle lui permet seulement de produire
des effets civils.

Mais on nous dira peut être : ce que la loi a voulu
organiser dans l'article 170, c'est la publicité du
mariage contracté à l'étranger. Or, la publicité du
mariage est une question laissée à l'appréciation des
tribunaux. — Sans doute, répondrons-nous, l'article
170 organise la publicité des mariages contractés à
l'étranger ; mais au lieu que cette publicité dépende
d'un fait complexe, comme cela a lieu pour les mariages contractés en France, elle dépend d'un fait
unique, indivisible ; et dès lors les tribunaux n'ont
rien à apprécier. Ou ce fait existe, ou il n'existe pas ;
voilà toute la question qu'ils ont à décider. On ne
peut leur accorder par analogie un pouvoir auquel
répugnent les termes précis de l'article 170.

L'article 171 prescrit encore une autre formalité
pour les mariages contractés à l'étranger ; il veut
que dans les trois mois après le retour des époux
en France l'acte de célébration du mariage soit
transcrit sur le registre public des mariages du lieu

de leur naissance. Nous n'avons pas à examiner ici
les nombreuses controverses qui se sont élevées sur
les conséquences que pourrait entraîner l'inobservation de cette formalité, car dans aucun système on
ne va jusqu'à la nullité. Bornons-nous à dire que
cette transcription est, à notre avis, un moyen offert
aux époux pour conserver la preuve de leur mariage ; preuve toujours entourée de longueurs et de
difficultés, quand il faut aller la chercher en pays
étranger.

SECTION IV.

Mariage de l'interdit judiciaire.

Cette question est très-vivement débattue. Les
uns soutiennent la validité ; d'autres l'annulabilité ;
d'autres, enfin, la nullité du mariage de l'interdit.

M. Demolombe enseigne que le mariage contracté
par un interdit pendant un intervalle lucide est valable d'une façon absolue. Il s'appuie d'abord sur
l'autorité de l'ancien droit, où l'on admettait généralement que le fou et même l'interdit pouvaient se
marier pendant les intervalles lucides ; il allègue en
second lieu, l'absence d'un texte formel qui pro-
nonce la nullité. L'article 146 ne vise, à son avis,
que les cas où l'interdit n'est pas dans un intervalle
lucide. Quant à l'article 502, qui déclare nuls de
droits tous actes passés par l'interdit postérieure-
ment à son interdiction, il le trouve inapplicable,

parce qu'une personne qui se marie ne passe pas un acte.

MM. Duranton et Felix Berryat Saint-Prix enseignent que l'interdit ne peut pas valablement se marier; mais, selon eux, son mariage n'est qu'annulable. En effet, disent-ils, l'article 502 en déclarant nuls de droit les actes faits par l'interdit a voulu simplement opposer la capacité du mineur à celle de l'interdit; il a voulu dire que celui-ci n'aurait pas besoin comme celui-là, de prouver la lésion, mais seulement son état d'interdiction.

Marcadé soutient avec raison que le mariage contracté par l'interdit est nul de droit.

Si dans l'ancien droit on s'accordait généralement pour admettre que l'interdit pouvait contracter pendant les intervalles lucides, c'est parce qu'on regardait comme valables tous les actes faits par lui dans ces intervalles. Mais on ne fait plus aujourd'hui cette distinction d'intervalles lucides et de moments de folie. Au contraire, tous les actes passés par l'interdit sont déclarés nuls de droit par l'article 502.

Que l'on ne dise pas que se marier ce n'est point passer un acte. Ne voit-on pas que le législateur a cherché une formule qui englobât les actes les plus variés de la vie. Ne voit-on pas que se marier c'est passer un acte bien plus grave que de consentir une vente, faire un prêt. Un majeur de vingt et un ans peut vendre, peut acheter sans l'intervention de personne ; il ne peut se marier qu'avec le consentement des ascendants.

La question, du reste, se résout à ceci : L'absence totale de consentement empêche le mariage de se former. Or, l'individu en état d'interdiction est incapable de donner aucune espèce de consentement, la loi l'a placé sous le coup d'une présomption générale et permanente d'incapacité, et cela précisément afin de le dispenser lui ou ses représentants de la nécessité de prouver que tel ou tel de ses actes ont été faits dans un moment d'aliénation mentale.

POSITIONS.

—

Droit Romain.

I. Le mariage n'était pas à Rome un contrat purement consensuel, il fallait une certaine réalisation matérielle.

II. La loi 16, 31. *De ritu nuptiarum* peut être conciliée avec la loi 3 du même titre.

III. Durant un certain temps, le mariage fût prohibé après l'âge de cinquante ans pour les femmes, de soixante ans pour les hommes.

IV. Le mariage était dissous par la captivité.

V. Le mariage contracté par la femme, avant l'expiration des 10 mois qui suivent la mort de son mari, n'était pas nul bien qu'il fût défendu.

VI. Le mariage contracté au mépris des prohibitions de la loi Julia n'était point nul.

VII. Les mariages contractés par les quinquagénaires et les sexagénaires n'étaient pas nuls bien qu'ils fussent défendus.

VIII. Le mariage contracté par le fils non émancipé, sans le consentement du père, était nul.

Ancien Droit.

IX. Le droit matrimonial ne dérivait ni des coutumes, ni du droit romain.

X. Le concubinat toléré par l'église se distinguait du concubinat du droit romain.

XI. L'alliance spirituelle était un cas de nullité.

XII. La séduction et le rapt de séduction donnaient lieu à des actions différentes.

Code Napoléon.

XIII. Ces mots « erreur dans la personne » doivent s'entendre de l'erreur sur les qualités essentielles à l'accomplissement des fins légales du mariage.

XIV. Le mariage de l'interdit est nul lors même
qu'il a été contracté pendant un intervalle lucide.

XV. L'engagement dans les ordres sacrés constitue un empêchement dirimant.

XVI. Le défaut de publications en France entraîne la nullité du mariage célébré à l'étranger.

XVII. Les ascendants peuvent proposer les nulli-

\ tés absolues, sans avoir à justifier d'un intérêt pécuniaire actuellement existant.

XVIII. Le défaut de puberté est une cause de
nullité absolue; toutefois, il n'enlève pas à la célébration toute possibilité de produire des effets.

XIX. L'incompétence de l'officier de l'état civil
étant certaine, les tribunaux ont le pouvoir d'apprécier si le mariage est nul ou s'il doit être maintenu.

XX. Le mariage contracté par erreur avec un
forçat libéré est valable.

XXI. Le mariage entaché d'une nullité absolue
est susceptible de produire des effets lorsqu'il a été
contracté de bonne foi.

Procédure civile.

XXII. Le consentement du conseil de famille au
mariage du mineur ne peut être attaqué devant les
tribunaux par le tuteur ou par un membre du conseil.

Code pénal.

XXIII. La question préjudicielle de la validité du
premier mariage serait admise contre une accusa-
tion de bigamie.

XXIV. La condamnation de l'un des futurs époux à une peine infamante temporaire n'affecte pas la validité du mariage.

XXV. La grâce ne produit pas des effets aussi étendus que l'amnistie.

Droit administratif.

XXVI. En matière d'expropriation, les tribunaux judiciaires n'ont pas à apprécier l'utilité de l'entreprise.

Droit commercial.

XXVII. En cas de faillite du mari, la séparation de biens peut être demandée par les créanciers de la femme.

TABLE DES MATIÈRES.

Droit Romain.

Droit coutumier.

Code Napoléon.

Le Doyen de la Faculté,
BLONDEL.

Le Recteur de l'Académie,
FLEURY.

COULOMMIERS. — IMPRIMERIE PAUL BRODARD & GALLOIS.

SAINT-QUENTIN. — IMPRIMERIE HOURDEQUIN.

www.ingramcontent.com/pod-product-compliance
Ingram Content Group UK Ltd.
Pitfield, Milton Keynes, MK11 3LW, UK
UKHW022304070726
13614UKWH00002B/538